Schüchternheit kreativ bewältigen

Schüchternheit kreativ bewältigen

Ein Ratgeber

von

Martin Schuster

Hogrefe

Göttingen · Bern · Toronto · Seattle · Oxford · Prag

Prof. Dr. Martin Schuster, geb. 1946. 1968-1972 Studium der Psychologie in Bonn. 1975 Promotion. Seit 1976 Akademischer Rat am Institut für Psychologie an der Universität zu Köln. 1992 Habilitation. Seit 1999 Professor am Fachbereich I der Universtität Koblenz. Arbeits- und Forschungsschwerpunkte: Kunstpsychologie, Kinderzeichnung, Kunsttherapie und Kommunikation durch Bilder, Lern- und Gedächtnispsychologie.

Bibliografische Information Der Deutschen Bibliothek
Die Deutsche Bibliothek verzeichnet diese Publikation in der Deutschen Nationalbibliografie; detaillierte bibliografische Daten sind im Internet über http://dnb.ddb.de abrufbar.

Göttingen • Bern • Toronto • Seattle • Oxford • Prag
Rohnsweg 25, 37085 Göttingen

http://www.hogrefe.de
Aktuelle Informationen • Weitere Titel zum Thema • Ergänzende Materialien

---

Umschlagabbildung: Rolf Jahn „Vor dem Start", Köln, 2002
Grafiken im Inhalt: Patrick Schuden
Satz: Grafik-Design Fischer, 99425 Weimar
Gesamtherstellung: Druckerei Kaestner, 37124 Rosdorf/Göttingen
Printed in Germany
Auf säurefreiem Papier gedruckt
ISBN 3-8017-1738-0

Inhalt

1 Was man über Schüchternheit wissen muss

Im ersten Kapitel erfahren Sie, was man heute über Schüchternheit weiß. Dieses Wissen kann für die schüchterne Leserin, den schüchternen Leser in mancher Hinsicht eine Erleichterung bedeuten.

Man ist nicht allein mit der Schüchternheit; viele Menschen erleben die gleichen unangenehmen Gefühle und Hemmungen. Niemand hat die Schüchternheit selbst verschuldet, aber die Eltern oder Lehrer zu beschuldigen, muss auch nicht sein. Schüchternheit bleibt oft ein Leben lang erhalten, aber wer beschließt, die Schüchternheit zu verwandeln, kann sich von ihr befreien oder zumindest viel besser mit seiner Schüchternheit leben.

1.1 Wie häufig ist Schüchternheit?

In Amerika geben 80 Prozent der Bevölkerung an, einmal schüchtern gewesen zu sein, 40 Prozent empfinden sich gegenwärtig als schüchtern. Unter Kindern ist Schüchternheit häufiger, auch bei Jungen und speziell Mädchen in der Pubertät gibt es noch häufig Schüchternheit.

Wenn sich heute eigentlich recht viele Menschen als schüchtern empfinden, liegt das auch daran, dass die heutige Kultur in einem ganz hohem Maß Extrovertiertheit und ungezwungenen Umgang mit Fremden verlangt. Wir sollen täglich zu fremden Menschen sprechen, manchmal besteht ja unser Beruf gerade aus einer solchen Anforderung. In einer einfachen Dorfgesellschaft wäre der Kontakt zu Fremden dagegen ein seltenes Ereignis. Einem Menschen, der sich heute als schüchtern empfindet, wäre seine Hemmung früher vielleicht gar nicht besonders aufgefallen.

1.2 Wie zeigt sich Schüchternheit?

Schüchternheit zeigt sich äußerlich in einer Reihe von Unterwerfungsgesten:

- Der Schüchterne mag anderen nicht in die Augen blicken.
- Vielleicht hält er den Kopf gesenkt.
- Er spricht mit leiser Stimme.
- Er wird bei unpassender Gelegenheit rot. Das kann sich ganz plötzlich entwickeln: Der Dichter Tennessee Williams berichtet in seiner Autobiografie, wie er einmal mehr zufällig in die Augen eines hübschen Mädchens schaute. Er wurde dabei rot. Und er fürchtete sich im selben Moment: „wenn das nun immer passiert". Tatsächlich wurde er von dem Zeitpunkt ab immer rot, wenn er einer Frau oder sogar auch einem Mann in die Augen schaute. Es scheint bei dem Rotwerden so etwas wie eine Bahnung zu geben, wenn es erst einmal auftritt, wird es leicht schlimmer und tritt in immer mehr Situationen auf. Manchmal wird der Gedanke an das Rotwerden zum Auslöser. „Hoffentlich werde ich nicht rot", denkt der Referent – und da ist es schon passiert, und nun beschäftigt er sich während des ganzen Vortrags damit, über sein Rotwerden nachzudenken. Der Vortrag wird dadurch leiden.
- Oft tritt in sozialen Situationen – also in Momenten besonderen Stresses – verstärktes Schwitzen auf: entweder auf der Stirn, unter den Achseln oder an den Handinnenflächen.
- Alles wird nur schlimmer, wenn man annehmen muss, dass das Schwitzen oder Erröten von anderen bemerkt wird.

Auch im Verhalten ist der Schüchterne eher submissiv, also unterwürfig:

- Manchmal erleben Schüchterne den Drang, anderen Recht zu geben oder sich fortlaufend zu entschuldigen.
- Soziale Situationen sind schwierig und werden gemieden. Es ist schwer einzukaufen; manchmal wird die Schüchternheit von Verkäufern ausgenutzt: Dem Schüchternen, der nicht Nein sagen kann, wird leicht etwas aufgeschwatzt.
- Mit Fremden zusammen fühlt sich der Schüchterne extrem gehemmt.
- Beim Einkaufen ergeben sich weitere Probleme: Vor anderen zu schreiben, z. B. die Rechnung der Scheckkarte zu unterzeichnen, will nicht gut gelingen, weil die Hand verkrampft oder zittert.

Manche Verhaltensweisen treten auch nur manchmal im Zusammenhang mit Schüchternheit auf:

- Gemeinsames Essen ist schwierig und wird teils ganz vermieden. Das kann soweit gehen, dass man auch keine Gäste nach Hause zum Essen einladen möchte.
- Öffentliche Toiletten bergen ihre Probleme. Es ist unangenehm, in der Gemeinschaft mit anderen zu urinieren oder auch nur dabei gehört zu werden.

1.3 Unterschiedliche Erscheinungsformen der Schüchternheit

Die Selbstkontrolle kann Schüchternheit durchaus modulieren und unterschiedlich erscheinen lassen. Menschen nehmen ihre Eigenschaften nicht einfach hin: Sie reagieren auf eigene Schwächen in verschiedener Weise, Sie versuchen sich zu ändern oder aber schwierige Situationen einfach zu vermeiden.

a) *Vermeidung:* Dies führt nur selten zu Veränderungen. Ängste und Hemmungen bleiben gleich stark bestehen. Wer nicht auf Partys geht, niemals Fremde anspricht, in Gruppen nicht redet etc. lebt zwar leichter, aber er wird seine Hemmungen auch nicht los.
b) *Sich zwingen:* Wer schüchtern ist, aber dennoch gleichzeitig mutig, der zwingt sich zu sozialen Kontakten, spricht vielleicht als Jugendlicher absichtlich forciert Personen des anderen Geschlechts an. Manche Menschen haben ihre Schüchternheit so überwunden, dennoch merkt man ihnen den ehemals Schüchternen an: Im Kampf gegen die eigenen Hemmungen sind Sie etwas zu wenig interaktiv im Umgang mit dem Partner. Der Kampf mit dem eigenen Innenleben ist so aufwändig, dass eine feinfühlige Abstimmung mit dem anderen, dem Sozialpartner, nicht gelingt und auch später nicht gelernt wird. Diese Menschen, die ihre Schüchternheit (über-)kompensiert haben, wirken hinterher nicht mehr sehr schüchtern, sondern im Gegenteil eher draufgängerisch, nassforsch. Der Schauspieler Robert Mitchum z. B. berichtet von sich, dass er sich seine raue Schale als Schutzschild für seine Schüchternheit zugelegt hat.
   Sozialpartner fühlen sich beim ehemals schüchternen Draufgänger leicht „überfahren“ und ziehen sich zurück. Auch nach dieser Kom-

pensation der Schüchternheit (die übrigens nicht dazu führt, dass man sich in sozialen Situationen wohl fühlt) müsste es also ein Nachlernen sozialer Geschicklichkeiten geben. Das Buch macht dazu Vorschläge.
Indem es einigen Schüchternen gelingt, die Schüchternheit zu überwinden, gibt es zwei Arten von Schüchternheit: (a) die überwundene, die privat und intern aber dennoch erlebt wird. Von außen betrachtet, würde aber kaum jemand solche Personen für schüchtern halten. Daneben gibt es (b) die bemerkbare öffentliche Schüchternheit.

c) *Die formale Art des sozialen Umgangs:* Wer ganz formell mit anderen umgeht, hat ein Gerüst, einen sicheren Rahmen in sozialen Beziehungen. Es kommt dann nicht so leicht zu Intimität oder Freundschaften, man muss sich nicht öffnen oder auf private Beziehungen einlassen. Einige Schüchterne ziehen sich in diese Möglichkeit zurück, die aber natürlich einsam macht.

Testen Sie Ihre soziale Interaktion mit einer kleinen Übung.
Stellen Sie sich vor, Sie gestalten einen Dialog durch gemalte Beiträge. Ihr Partner hat als erster einen kleinen Kreis auf seine Seite des Blattes gemalt. Wie würden Sie nun Ihrerseits mit einem Farbstrich oder einer kleinen (abstrakten) Figur reagieren? Zeichnen Sie das auf ein Blatt! Als Nächstes würde ihr Partner direkt neben Ihre Figur die gleiche Figur in einer anderen Farbe zeichnen. Wie würden Sie reagieren? Zeichnen Sie Ihre Figur wiederum auf das Blatt!

Werten Sie die Zeichensequenz mit den Hinweisen im Anhang 1 aus (vgl. S. 157, 158).

1.4 Konsequenzen der Schüchternheit

Starke Schüchternheit kann das Lebensglück sehr beeinträchtigen. Man traut sich nicht, auf andere Menschen zuzugehen, mit ihnen zu sprechen, speziell nicht mit Menschen des anderen Geschlechts. Also ist der schüchterne Mitmensch oft einsam und findet erst spät oder auch gar keine Lebenspartner.

Manchmal werden Schüchterne ausgebeutet, weil Sie nicht Nein sagen können oder es für Sie in manchen Situationen einfacher ist, ohne Widerrede alles mitzumachen. So gibt es schüchterne Mädchen, die „mit jedem mitgehen“, weil das eben einfacher ist. Im seltenen Ausnahmefall werden nur im (Gewalt-)Verbrechen die eigene Kraft und die eigene Existenz erlebbar.

1.4.1 Schüchternheit und Depression

Wenn man – zum Beispiel aus Schüchternheit – nie das erreicht, was man erreichen möchte, dann stellt sich ein Gefühl von Hilflosigkeit ein (Seligman, 1979), das sich verfestigt und später zu einer depressiven Verstimmung führen kann.

Beispiel:
Frau Klix war eine Halbweise, die bei der späteren Frau des Vaters streng erzogen wurde. Sie war sehr schüchtern, aber auch recht hübsch. Als ein gut aussehender junger Mann aus angesehener Familie aus dem Dorf um ihre Hand anhielt, konnte sie es kaum glauben. Fast hätte sie nicht Ja gesagt, weil sie es für unmöglich hielt, liebenswert zu sein. Aber sie schaffte es, und es wurde eine gute Ehe, aus der zwei nette Kinder hervorgingen. Ihr Mann schätzte die Geselligkeit, und weil er selber gern sprach, machte es ihm nichts aus, dass seine Frau immer stumm am Tisch saß und sich nur um die Speisen kümmerte. Sie hatte dabei aber oft das Gefühl, nichts wert zu sein. Wenn Entscheidungen zu treffen waren, machte das natürlich der Ehemann. Weil sie sich ja nicht durchsetzen konnte, nahm der Beruf in seinem Leben einen immer größeren, ja den einzigen Platz ein. Manche Wochen über leitete ihr Mann jeden Abend Konferenzen. Sie saß dann allein und unglücklich zu Hause. Das wurde noch schlimmer, als die Kinder selbstständig wurden. Nun war alles so unbefriedigend geworden, dass sich langsam eine depressive Verstimmung einstellte, die der Mann aber lange Zeit gar nicht bemerkte. Er schickte sie zum Hausarzt, nahm die Veränderungen jedoch nicht besonders ernst. Sie weinte jetzt viel und konnte sich kaum noch für die Aufgaben des Haushaltens interessieren.

Die Unterwerfungsgesten des Schüchternen haben ironischerweise oft nicht den gewünschten Erfolg, sie ziehen die Aggression von aggressionsbereiten Sozialpartnern sogar geradezu an. Der Schüchterne signalisiert ja seine eigene Schwäche, scheint also das leichte Opfer eines Angriffs zu sein. Manchmal suchen die Mitmenschen nach Opfern. Zum Beispiel wollen männliche Jugendliche den Mädchen ihre Stärke durch einen Sieg in einer körperlichen Auseinandersetzung beweisen: Natürlich werden Sie gerade das schwächste Opfer suchen, das einen sicheren Erfolg garantiert; das ist manchmal dann ein schüchterner Junge.

1.4.2 Schüchternheit und Alkohol

Eine gefährliche Weise, die Hemmungen der Schüchternheit zu überwinden, ist der Genuss von Alkohol. Alkohol „enthemmt", da kommt man in sozialen Situationen erst einmal besser zurecht. Viele Schüchterne werden so zu Gewohnheitstrinkern, ja Alkoholikern. In den Gruppen der Anonymen Alkoholiker findet man hohe Prozentsätze von schüchternen Menschen. Tatsächlich sind diese Gruppen für Schüchterne ganz besonders geeignet, weil Sie manchmal Angst davor haben, die netten erfolgreichen Ärzte oder die netten extrovertierten Krankenschwestern um Rat zu fragen. In der Gruppe der Gleichbetroffenen muss man sich nicht so minderwertig fühlen.

Ab einem bestimmten Alkoholpegel sind die sozialen Reaktionen nicht mehr sehr angemessen. Man wird als betrunkener Gast nicht beliebter. Auch andere Konsequenzen wie Führerscheinentzug und gesundheitliche Probleme sind nicht selten. Daher werden wir auch einige Ratschläge zur Kontrolle und zur Reduzierung des Alkoholkonsums geben (vgl. Kapitel 3.7.2). Genauso wie Alkohol wirkt Haschisch in Bezug auf die Schüchternheit, vielleicht mit dem Unterschied, dass man sich unter Haschisch-Einfluss auch in sozialen Situationen eher zurückzieht. Die lähmende Hemmung wird dann aber nicht mehr so stark empfunden.

1.4.3 Mangelnde Hilfe

Natürlich fällt es Schüchternen schwer, Hilfe zu suchen. Sie ziehen sich ja gerade vor anderen zurück. Anderen die eigene Schwäche gestehen zu müssen, wäre das Allerschlimmste. So kommt es z. B. bei Alkoholproblemen zu weniger Beratung und Psychotherapie als bei weniger schüchternen alkoholabhängigen Personen.

Beispiel:
Carla erinnert sich, dass sie beim Arzt zu schüchtern ist, um nach den Nebenwirkungen der Medikamente zu fragen, und sich nicht traut, zu widersprechen, wenn der Arzt vorschnelle Schlüsse zieht und ihr kaum Gelegenheit gibt, ihre Beschwerden vorzutragen.

1.4.4 Mobbing

Solche, die sich nicht gut wehren können, denen auf Beleidigungen nicht sofort eine Antwort einfällt, eignen sich gut als Opfer für den bösen Sinn der anderen. Menschen, die Spaß daran haben, andere zu erniedrigen, gibt es immer, und die Schüchternen werden ihre Opfer. So kommt es, dass viele Schüchterne Mobbing-Erfahrungen haben. Natürlich führt das Mobbing nicht zu mehr Selbstsicherheit – im Gegenteil, die Minderwertigkeitskomplexe wachsen.

1.5 Mythen, wie Schüchternheit zu Stande kommt

Man erlebt an sich unangenehme und merkwürdige Hemmungen, die andere Menschen anscheinend nicht haben. Wie soll man sich das erklären? Betroffene fragen sich, ob sie seelisch krank sind, vielleicht neurotisch oder irgendwie psychisch behindert. Das nagt am Selbstwertgefühl. Es ist also von ganz außerordentlicher Wichtigkeit, die Schüchternheit zu Beginn unseres gemeinsamen Unternehmens als eine Variante einer normalen und alltäglichen Hemmung verstehen zu lernen.

Auch andere Autoren, die sich mit Schüchternheit beschäftigen, versuchen eine Erklärung zu finden. Dabei werden verschiedene Mythen entwickelt, die aber eher schädlich sind, weil sie den Menschen negative Eigenschaften zuordnen, die sich dann auf dem Wege der selbsterfüllenden Prophezeiung tatsächlich einstellen könnten.

Falsche Mythen:

- So wurde behauptet, Schüchterne seien irgendwie ängstliche Menschen, die eher zur Flucht als zum Angriff neigen (Carducci, 2000). In Wirklichkeit können schüchterne Menschen – wenn es etwa darum geht, ein Leben zu retten – außerordentlich mutig sein.
- Eine andere These lautet, es handle sich um Menschen, die ganz generell Furcht vor dem Neuen haben. Aber es macht den Schüchternen gar nichts, sich mit einer neuen Kommunikationstechnik, wie z. B. dem Computer-Chat, zu beschäftigen.
- Oder die Schüchternheit sei letztlich eine „narzisstische Störung“: Der Betroffene kreise in Gedanken gewissermaßen selbstverliebt zu stark um sich selbst. In Wirklichkeit denken Schüchterne aber nicht verliebt, sondern sehr selbstkritisch und abwertend über sich!
- Aus anscheinend logischen Überlegungen werden Schlüsse abgeleitet, die nicht stimmen. Schüchternheit, so argumentiert Carducci (s. o.) entstehe aus einem schlechten Selbstwertgefühl und könne daher nicht vor dem Zeitpunkt der Entwicklung eines bewussten Selbst im zweiten Lebensjahr entstehen. Viele Eltern von schüchternen Kindern wissen jedoch, dass Schüchternheit schon wesentlich früher auftreten kann. Ja selbst Tiere können schüchtern sein.
- Empfundene Schüchternheit sei im aktuellen Moment des Erlebens wie die Aufgeregtheit durch Stress oder Angst, wird behauptet. Dies stimmt aber auch nicht, tatsächlich fällt einem nichts ein, man erlebt eine Hemmung.
- Ist Schüchternheit und soziale Ängstlichkeit dadurch verursacht, dass man einfach die richtigen sozialen Verhaltensweisen nicht gelernt hat? Anscheinend nicht: Bei Schüchternheit und bei der sozialen Phobie (s. u.) wird auf eine gute soziale Kompetenz verwiesen, d. h. dass die Betroffenen sich im sozialen Kontakt geschickt bewegen könnten, aber dennoch davor zurückschrecken (Luckock & Salkovskis, 1988).

Solche Schüchternheits-Entstehungs-Mythen führen zu falschen „Kausalattributionen“ d. h. zu falschen Erklärungen des eigenen Verhaltens und folglich zu falschen Gegenmaßnahmen.

Es gibt aber auch „Alltagstheorien", die Betroffene ganz ohne wissenschaftliche Fundierung entwickeln. Schüchterne haben ohnehin ein schlechtes Selbstbild, und Sie beschuldigen sich oft selbst, unfähig, wenig begabt und ungeschickt zu sein. Erforschen Sie ihre „Alltagstheorie"! Wenn Sie einmal schüchtern reagiert haben und wenig zufrieden mit sich waren, welche Erklärung geben Sie Ihrem Verhalten? Ordnen Sie sich negative Eigenschaften zu? Wenn ja, welche? Setzen Sie dann die richtigen gegen die falschen Gedanken! Statt zu denken „Ich habe mich wieder dumm verhalten", ist es richtig zu denken „Meine sozialen Hemmungen haben meine guten Gedanken und Ideen wieder einmal nicht zum Vorschein kommen lassen". Denken Sie daran, dass viele berühmte und bedeutende Menschen sehr schüchtern waren. Erst im Kampf mit ihrer sozialen Hemmung haben Sie ihre Talente entwickelt.

1.6 Benachbarte Symptomgruppen

Einige psychische „Diagnosen" verweisen auf Symptome, die denen der Schüchternheit ähneln, sind aber dennoch anders verursacht und erfordern einen anderen Umgang.

1.6.1 Ist Schüchternheit das Gleiche wie Sozialphobie?

Beim Psychotherapeuten werden starke Ausprägungsgrade von Schüchternheit meist als „soziale Phobie" (soziale Angst) diagnostiziert. Diese Diagnose hat sich in den Internet-Chats verbreitet. „Aha", so schreiben die Teilnehmer, „ich habe also Sozialphobie, eine unbegründete Angst vor der Gemeinschaft mit anderen Menschen, die ich mir irgendwie eingefangen habe."

Der oder die Betroffene will in sozialen Situationen nicht im Mittelpunkt der Aufmerksamkeit stehen. Diagnostische Elemente sind dabei z. B. Ängste, in der Öffentlichkeit zu sprechen, zu essen und zu trinken, beim Schreiben zu zittern, in einer öffentlichen Toilette zu urinieren oder sich einem Test auszusetzen. Prüfungsangst und Lampenfieber sind nach den diagnostischen Katalogen auch Teil der sozialen Phobie. Schulte (1999) gebraucht die Worte „soziale Phobie" und „scheu" (schüchtern) nahezu synonym. Dennoch wäre hier eine Unterscheidung angebracht, denn das eine folgt auf das andere: Wenn man sich in sozialen Situationen sehr gehemmt fühlt, wird man als Folge der vielen schlechten Erlebnisse zusammen mit anderen mit der Zeit Angst davor entwickeln. Zu Beginn besteht jedoch die „Gehemmtheit". Das heißt, dass ein etwas anderes therapeutisches Vorgehen erforderlich ist. Natürlich muss auch die Angst vor sozialen Situationen vermindert werden, zuerst einmal aber ist die unerklärliche Hemmung und Unfähigkeit, die man in sozialen Situationen erlebt, zu behandeln.

Insgesamt sind die Symptombilder aber doch sehr ähnlich. Die geschilderten Maßnahmen sind daher gleichermaßen für Schüchterne und Sozialphobiker anwendbar. Allerdings gehen sie über eine Behandlung der sozialen Phobie hinaus.

1.6.2 Panikattacken

Manche Teilnehmer in den Internet-Chat-Rooms für Schüchterne und Sozialphobiker haben ganz offensichtlich eine andere Angststörung, Sie leiden unter Panikattacken. Das sind plötzliche, ganz unbegründete Angstanfälle, die mit Herzrasen, Atemnot, dem Gefühl, ohnmächtig zu werden oder gar sterben zu müssen, einhergehen. Solche Panikattacken können unvermittelt oder auch überwiegend in bestimmten Situationen, z. B. in Kaufhäusern oder in Menschenmengen, auftreten. Alles, was einmal im Umfeld einer Panikattacke vorhanden war, kann zum Auslöser von starker Angst werden und zu Vermeidungsreaktionen führen. Schüchterne Menschen sind zwar oft ängstlich und gehemmt, sie wissen aber genau, in welchen Situationen ihre Probleme auftreten, und die Ängstlichkeit ist im Allgemeinen nicht anfallsartig und auch nicht in extremer – subjektiv lebensbedrohlicher – Stärke vorhanden. Für Panikattacken gibt es Selbsthilfebücher, z. B. von Schmidt-Traub (2001).

1.7 Schüchternheit ist ein normales Merkmal

Schüchternheit ist tatsächlich die extreme Ausprägung einer sozialen Hemmung, die an sich nützlich ist und die jedermann haben muss. Wenn die Hemmung ganz fehlt, nennt man das „soziale Distanzlosigkeit" – dies ist keineswegs gut, sondern eher eine Symptomatik der Gehirnverletzung.

Hat der Mensch aber zu viel von der sozialen Hemmung, ist er also schüchtern, kann er in Gesellschaft nicht aus sich herausgehen. Im normalen Mittelbereich der Eigenschaft „soziale Hemmung" aber führt sie dazu, dass sich der Mensch höflich und angemessen verhält: Es ist richtig, anderen nicht ins Wort zu fallen, zu Vorgesetzen besonders höflich zu sein oder Fremden nicht sofort private Angelegenheiten zu erzählen. Es ist vielleicht wie bei dem Merkmal Aggressivität: Eine gewisse Aggressivität braucht jeder Mensch; hat er nur sehr wenig davon, kann er sich nicht durchsetzen, hat er zu viel davon, wird er vielleicht kriminell – auf jeden Fall ist er ein unangenehmer Zeitgenosse.

Solche – biologischen – Merkmale haben in der Ausprägung eine Streuung, viele Menschen liegen im Mittelbereich, einige haben sehr wenig oder sehr viel davon. Die Körpergröße ist ein Beispiel: Die meisten Menschen haben eine mittlere Größe, und nur sehr wenige sind extrem groß oder extrem klein. Diese Menschen leiden oft unter den Konsequenzen ihrer extremen Größe. Sie finden nur schwer hübsche Kleidung oder einen Partner, der zu ihrer Größe passt.

Auch in Bezug auf die soziale Hemmung hat der eine oder andere Pech und eben besonders viel davon mitbekommen. Das hat Nachteile, die das Leben schmerzhaft behindern.

1.8 Ist Schüchternheit angeboren?

Es gibt einige Hinweise dafür, dass Schüchternheit angeboren sein könnte: Es gibt sie bei Tieren (z. B. können Katzen außerordentlich fremdenscheu sein). Bei eineiigen Zwillingen besteht eine hohe Korrelation im Ausmaß der Schüchternheit. In 70 Prozent der Fälle sind Eltern und ihre Kinder gemeinsam schüchtern (Zimbardo, 1989). Schüchternheit ist auch ganz früh im Leben vorhanden: also ist sie oft keine Reaktion auf schlechte Erfahrungen. Im Gegenteil, Kinder die keine festen Bindungen an Erwachsene bilden konnten, z. B. weil sie früh in Heime gegeben wurden, sind oft besonders fremden-freundlich und stellen schnell und leicht (oberflächliche) Beziehungen her.

Schüchternheit wurde als die am stärksten vererbte Eigenschaft bezeichnet, z. B. von Emde (1992): Die Korrelation eineiiger Zwillinge (14 Monate alt) betrug 0.70 (Laborbeobachtung). Manche Autoren glauben, blauäugige Menschen seien eher schüchtern.

In der biologischen Literatur wird eine weit gehend angeborene Tendenz zur Schüchternheit – nach ihrer Funktion für das Überleben – auch als Versuch der „Schadensvermeidung" bezeichnet. Kinder mit starker Tendenz zur Schadensvermeidung ziehen sich bei neuen Reizen schnell zurück.

Die Umwelt spielt aber auch immer eine Rolle. Nach Crozier sind 20 bis 25 Prozent der Varianz genetisch, und 50 Prozent der Varianz sind auf unterschiedliche Behandlung der Kinder zurückzuführen. Übermächtige und zu dominante Bezugspersonen z. B. erziehen zur „Schüchternheit".

Die Umwelt kann auf andere Weise zur Schüchternheit beitragen. Wenn das Sozialverhalten durch häufiges Alleinsein außer Übung gerät, wenn also nie gegen die vorhandene Bereitschaft zum schüchternen Rückzug agiert wird, kann sich Schüchternheit einstellen. Dies wurde bei Jugendlichen beobachtet, die allzu viel Zeit am Computer oder mit Büchern verbrachten. Also: Sozialer Umgang darf nicht vermieden werden. Sozialer Umgang muss gesucht werden!

Manchmal werden soziale Bande immer wieder zerrissen, z. B. durch Umzüge. Angehörige von Air-Force-Piloten, die sehr häufig umziehen mussten, waren in ihren Umgebungen extrem isoliert (Ziller, 1973). Solche Menschen wollen in soziale Beziehungen schon gar nicht mehr investieren, sondern ergeben sich hilflos in die Rolle des „Neuen". Gerade schüchterne Kinder fürchten sich vor Umzügen, weil sie dann die mühsam erworbene Sicherheit in einigen Beziehungen verlieren.

Manchmal führt schon allein das Label, das Etikett dazu, dass sich Menschen in eine bestimmte Richtung entwickeln. Wenn man sich oder beispielsweise seine Kinder einmal als schüchtern klassifiziert hat, kann das natürlich zu einer selbsterfüllenden Prophezeiung werden. Man wird sich nun so verhalten, wie sich jemand verhält, der ein für alle Mal schüchtern ist. Auf jeden Fall wäre es gut, sich und andere als „noch schüchtern" zu bezeichnen. Änderung ist immer möglich.

1.9 Die neue Interpretation

Die Einsicht setzt sich durch: Schüchternheit ist berechtigte Fremdenfurcht und Unterwerfung unter stärkere Artgenossen (z. B. Marshall, 1994). Trifft man auf fremdem Territorium einen Fremden, so ist in der stammesgeschichtlich alten Gesellschaft Gefahr gegeben. Also: Das Meiden von Fremden und fremden Territorien ist lebenserhaltend, ganz besonders, wenn man schwach ist. Die Yanomami (ein südamerikanischer Stamm) bringen Fremde auf dem eigenen Territorium durchaus auch einmal um. In der germanischen Kultur kannte man den Kampf zwischen Fremden, die sich im unbewohnten Gebiet treffen. Im Mittelalter war der Raum um die Städte herum gesetzlos, da ging man vor allem nachts auf keinen Fall hin. In der „Urhorde" ist jeder Mitmensch entweder ein Bekannter oder ein zu fürchtender Fremder. Kinder, die wegen ihrer körperlichen Schwäche besonderen Grund haben, ängstlich zu sein, müssen auch die Männer der eignen Horde fürchten: Filozid (Kindesmord) war über Jahrtausende häufig!

Der Schüchterne kann ganz überraschend extrovertiert sein, wenn er unter Bekannten ist. Andererseits kann er kaum das fremde Territorium der fremden Person betreten, z. B. eine Beratungs- oder Arztpraxis.

Aber auch innerhalb der eigenen Gruppe lauern Gefahren: Das dominante Mitglied, das seinen Rang oder seine Ansprüche gefährdet sieht, könnte angreifen. Unterwerfung schützt vor solchen Angriffen. Und nicht nur der Angriff von Stärkeren ist lebensbedrohend, auch der Ausschluss aus der sozialen Gruppe kann für den Ur-Menschen lebensbedrohlich sein. So können wir die starke Furcht vor der Ablehnung durch andere verstehen.

Bei gegebener Disposition (s. o.) kommt es im weiteren Verlauf des Lebens zu starker Schüchternheit, wenn man feststellen muss, dass man selbst schwach ist. Man will das starke Gruppenmitglied oder den Fremden nicht reizen. Speziell die Konkurrenz um Territorien, um Weibchen und Nahrung ist natürlich gefährlich. Auch das Gefühl, „anders zu sein", ist bedrohlich. So ist man selber die schwache Minderheit im Gegensatz zur immer starken Gruppenmehrheit. Passen die Verhaltensweisen und Erlebnisweisen des Schüchternen zu einer solchen biologischen Sichtweise?

1.9.1 Was das Leben Schüchterner erleichtert

Wer sich im eigenen Territorium befindet, fühlt sich sicherer. Man kann das beobachten, wenn sich Autofahrer wütend erregen. Im eigenen Auto sind sie in ihrem Revier.

Es ist hilfreich, ein neues Territorium, das betreten werden muss (z. B. Schulklasse, Prüfungsraum, Arbeitsstelle), vorher kennen zu lernen. Man kann es auch mit eigenem Besitz markieren! Wer in Prüfungen Glücksbringer mitbringt, hat ein Stück seines eigenen Reviers dabei. Wohnwagen und Wohnmobil haben irrational hohe Kosten, aber den Vorteil, das man auf Reisen stets sein eigenes Revier um sich hat. So sehnen sich auch gerade Schüchterne nach einem Eigenheim, in dessen Fluren man nicht mit Fremden zusammentreffen muss.

Wenn man dagegen in einem Sozialkontakt nicht direkt angegriffen werden kann, funktioniert er plötzlich ohne jede Schwierigkeit, beispielsweise am Telefon. Wenn man unsichtbar sein kann oder eine Maske tragen darf, ist man in Sicherheit (Abbildung 1).

Abbildung 1: Eine Maske versteckt das „Ich“, und hilft unbeschwert aufzutreten.

Der Schüchternheitsexperte Zimbardo (1989) erzählt folgende Geschichte aus seiner eigenen Familie (zusammengefasst):

Beispiel:
Zimbardos Bruder George war extrem schüchtern. Die Mutter, die schon Sorgen wegen der baldigen Einschulung hatte, kam auf eine gute Idee. Der kleine George sollte die Klasse schon ein wenig früher kennen lernen, um sich an den Schulbetrieb zu gewöhnen. Die Schule gestattete das auch, aber George weinte fast den ganzen ersten Tag und verbarg sich in den Kleidern der Mutter. Weil er aber doch hin und wieder Neugier für den Schulstoff zeigte und sich manchmal vom Unterricht ein wenig mitreißen ließ, entstand die Idee, dass es George besser gehen würde, wenn er sich verstecken könnte. Vielleicht könnte er sich unter einer Maske verstecken! George und sein Bruder bastelten eine Maske aus einer Papiereinkaufstüte. Sie stellte einen Held aus einer Comicserie dar, wie z. B. Prinz Eisenherz. George mochte die Maske und stellte sich vor, wie er wie ein Löwe unter der Maske brüllte. Der Lehrer machte mit, und der neue Schüler durfte nun die Maske tragen, ohne dass die anderen Kinder versuchten, sie ihm abzunehmen. Jetzt klappe es im „Probeunterricht“ prima. George konnte ganz ohne Furcht allein im Klassenraum sein. Was würde aber passieren, wenn er die Maske einmal nicht tragen könnte?

Am Ende des Schuljahres auf dem Schulfest wollte die Klasse eine Zirkusvorführung präsentieren. Der Lehrer fragte George, ob er vielleicht der Zirkusdirektor sein wollte. Der sprang in Gedanken daran vor Freude auf und nieder. Als Zirkusdirektor konnte er aber nun nicht mehr seine Maske tragen. So kam es dann, dass er nicht nur als Mitglied der Gruppe, sondern an hervorragender Stelle am Jahresende vor allen Eltern der Klasse auftrat. So kam es auch, dass er dann ohne Furcht und ohne Maske die Schule besuchen konnte.

Zimbardo berichtet, dass George auch später etwas schüchtern blieb, aber mit seinen Klassenkameraden enge Freundschaften schließen konnte und sogar einmal zum Klassensprecher ernannt wurde.

Es gibt auch „geistige“ Masken und Verkleidungen. Wenn man zum Beispiel in einer anderen Sprache spricht, ist man nicht ganz der „Ich“, der man immer ist. Ich hatte eine Klientin, bei der das in extremem Maß der Fall war.

Beispiel:
Barbara war immer sehr schüchtern und ängstlich. Sie konnte im Studium kaum Referate halten, keine Prüfungen ablegen, sie fühlte sich in gefüllten Hörsälen ganz unwohl. Sie war aber in ihrer Jugend einige Male in Schweden gewesen und hatte Schwedisch gelernt. Zu ihrem eigenen Erstaunen war sie in Schweden und eben als schwedisch sprechendes Mädchen eine ganz andere Person. Sie konnte mit Männern flirten, hatte eine abenteuerliche große Liebe, sie konnte leicht freundlichen Kontakt mit Fremden aufnehmen. Schwedisch zu sprechen war für sie eine Art Urlaub vom schüchternen Ich. Mit der Zeit hat diese Erfahrung aber auch auf ihre Schüchternheit daheim gewirkt. Sie erinnerte sich, was sie in Schweden für eine couragierte Person gewesen war, und konnte einen Teil dieser Person mit nach Deutschland nehmen.

Immer dann, wenn man als „Ich“, als einzelne Person wahrgenommen wird, ist die Schüchternheit groß. Wenn man dagegen als Gruppe mit einer Leistung auftritt, wird es leichter.

Beispiel:
Mathias wollte einmal in seiner Schulklasse seine Trompete vorführen. Eigentlich konnte er gut Trompete spielen, aber vor der Klasse fühlte er sich sehr gehemmt, fand nicht den richtigen Atemrhythmus und brachte keinen Ton hervor. Es war eine ziemliche Blamage. Seitdem macht es ihm Schwierigkeiten, alleine vor Gruppen aufzutreten. Wenn er aber als Mitglied einer Band spielt, geht es ganz gut. (nach Lamm, 2004).

Das Telefonieren ist für einige Schüchterne schwierig für andere nicht. Es gibt Schüchterne, die ganz flüssig und entspannt am Telefon sprechen können: Sie sind ja nicht durch die aktuelle Gegenwart eines Sozialpartners gefährdet. Es kann aber auch im Vordergrund stehen, dass man ja keine Rückmeldung vom Gesprächspartner erfährt und man also unsicher ist wie der reagiert. Das kann das Telefonieren nahezu unmöglich machen.

Beispiel:
Giseline ist seit kurzem in einer Fussballmannschaft. Wenn ein Spiel ausfällt wird eine Telefonkette in Gang gesetzt, um jeden darüber zu informieren. Giseline nimmt allerdings lieber den Ärger der anderen beim nächsten Treffen in Kauf, weil sie nicht angerufen hat. Aus Telefonangst kann sie eben nicht einfach mal so zum Hörer greifen. Fremde ruft sie schon gar nicht an.

1.9.2 Situationen, die Schwierigkeiten machen

Auch die Anforderungen, die dem Schüchternen schwer fallen, verweisen klar auf den biologischen Ursprung der Hemmung. Viele Schüchterne wollen nicht gern in fremden Betten schlafen. Gerade im Schlaf ist man ja im fremden Revier besonders angreifbar.

Der Schüchterne geht ungern auf fremde Toiletten. Dort fremde Exkremente sehen und riechen zu müssen, ist ihm schlimm. Eine nicht geringe Zahl von Männern meidet öffentliche Urinale, weil ihr Urinfluss dort gehemmt ist oder gar, weil solche Orte Angstattacken auslösen. Viele Frauen – auch solche, die nicht schüchtern sind – gehen gar nicht gern auf fremde, speziell nicht auf öffentliche Toiletten. Sie finden das unhygienisch. Vielleicht ist bei dieser männlichen wie weiblichen „Zurückhaltung“ aber ein anderer, weniger bewusster Hintergrund gegeben: Das Setzen von „Duftmarken“ grenzt in der Tierwelt Reviere ab, gibt öffentlich Kenntnis über die Individuen und den Zustand von Individuen, die sich in einer Region aufhalten. Gerade Geruchssignale in Bezug auf „Revierbesitz“ und „Empfängnisbereitschaft“ sind im Tierreich Anlass blutiger Verteilungskämpfe.

Manchmal kommt es vor, dass der Schüchterne nicht mit Fremden oder außerhalb des eigenen Hauses essen mag. Im sozialen Leben wird dann vielleicht eine Magenverstimmung vorgetäuscht, um sich mit der eigenen Besonderheit nicht lächerlich zu machen. Tatsächlich ist die Nahrungsaufnahme im wilden Leben, zumal für junge und schwache Tiere, eine gefährliche Situation: Kleine Löwen kommen gar nicht selten durch einen Prankenhieb erwachsener Tiere um, wenn sie sich zu früh zu der erlegten Beute drängen. Trotz großen Hungers dient also die Hemmung, nicht zu nah mit anderen, erwachsenen Tieren zu fressen, dem Überleben.

Der Schüchterne sträubt sich, Personen des anderen Geschlechts anzusprechen. Auch dies macht biologisch Sinn. Eine sexuelle Absicht könnte Konkurrenten und damit auch ranghöhere Tiere auf den Plan rufen. In Tiersozietäten geht es in solchen Konkurrenzen oft um Leben und Tod. Dabei gibt es ein interessantes Zusatzphänomen, das die meisten Leser, auch die weniger Schüchternen, sicher kennen: Findet man eine andere Person als Partner sehr begehrenswert, ist man besonders gehemmt. Jetzt käme es darauf an, doch man findet einfach keinen Anfang für ein Gespräch! Es ist so: Gerade dann, wenn wirklich eine erotisch-sexuelle Beziehung angestrebt wird, sind solche Hemmungen, die aggressive Konkurrenten auf den Plan bringen könnten, besonders angebracht.

Es zeigt sich, dass Schüchterne weniger sexuelle Erfahrungen machen als nicht schüchterne Altersgenossen. Käuflicher Sex aber ruft keine Konkurrenten auf den Plan. Und so findet mancher schüchterne Mann die Möglichkeit attraktiv, zu Prostituierten zu gehen. Befragungen von Prostituierten ergaben, dass ein hoher Prozentsatz ihrer Klientel schüchtern ist (Zimbardo, 1989).

Natürlich ist es schwer, die Aufmerksamkeit auf sich zu lenken, z. B. wenn man in Gruppen laut sprechen soll. Dabei kann man immer den Unwillen dominanter Artgenossen auf sich ziehen. Autoritätspersonen, also Personen, die als stark und ranghoch wahrgenommen werden, rufen auch in unserer heutigen Gesellschaft in starkem Maß Schüchternheit auf. Als Psychologieprofessor erlebe ich oft, welche Schwierigkeiten Studenten haben, in den Sprechstunden zu der „Autoritätsperson" Professor zu sprechen.

1.9.3 Personen, die Schüchternheit auslösen; Personen, die Schüchternheit erleben

Bei Personen, die prinzipiell schwach sind, ist Schüchternheit stärker: zum Beispiel bei Kindern (mitunter verliert sich das in der Pubertät). Im Stamm der Eingeborenen werden Kinder nicht unbedingt von den nicht verwandten Gruppenmitgliedern versorgt und beschützt. Kinder sollten sich also besser nicht zu weit von der Mutter entfernen. Allerdings dürfen sie dann nicht schüchtern sein, wenn sie von ihren Eltern verlassen werden. In diesem Fall ist eher das Gegenteil überlebenswichtig: Zutraulichkeit Fremden gegenüber. So ist es bei Waisenkindern oft.

Manchmal entsteht Schüchternheit im Jugendalter, in einer Zeit also, in der Jugendliche in Konkurrenz zu den starken Erwachsenen treten. Jetzt ist es gut, wenn ihn eine Hemmung vor allzu vorlautem Verhalten schützt.

Kinder, die sicher an ihre Eltern gebunden sind, sich also geschützt fühlen, wenden sich von einem Fremden zunächst ab – Kinder, die sich der pflegenden Zuneigung der Eltern unsicher sind, wenden sich Fremden zu, empfinden dabei aber starken Stress.

Frauen haben es im Leben manchmal etwas leichter, schüchtern zu sein. Die weibliche Geschlechtsrolle erlaubt es stärker, ein schüchternes Leben zu leben, aber es hindert an wirklicher Entfaltung. So könnte man sich nur wegen der Schüchternheit auf eine Rolle als Hausfrau und Mutter einlassen, um allzu vielen Kontakten mit Fremden aus dem Weg zu gehen.

1.9.4 Natürlich ist Schüchternheit veränderbar!

Auch angeborenes Verhalten wird sehr wohl von der Umwelt gesteuert. Es muss nicht immer vorhanden sein, sondern es richtet sich nach bestimmten Umweltbedingungen.

Speziell bei Schüchternheit muss das Individuum entscheiden: a) Ist es selber schwach? b) Gibt es aggressiv-dominante Mitglieder der Gruppe, die gefährlich sind? Wenn eine dieser beiden Feststellungen mit Ja beantwortet werden muss, ist es angebracht, schüchtern oder sozial gehemmt zu sein.

Ist die Schüchternheit ein für alle Mal festgelegt?

Nein! Ein Beispiel aus der Tierpsychologie stimmt ermutigend: Bei den Primaten ist in Freilandstudien eine sensationelle Beobachtung gelungen: Lassen wir die Biologin Blaffer-Hrdy zu Worte kommen:

> „Jahr um Jahr wird das gleiche (Orang-Utan-)Männchen als Heranwachsender klassifiziert – manchmal bis zu 20 Jahre lang. Wenn jedoch das dominante Männchen eines Tages verschwindet, macht (dieser) Peter Pan eine Verwandlung durch: Innerhalb von Monaten wird sein Gesicht füllig, sein Haar wächst, und er entwickelt eine massige Gestalt. Peter Pan streift sein schwächliches Kostüm ab und verwandelt sich in einen Berserker, der wie ein streitsüchtiger Troubadour auf der Suche nach einer Maid durch die Wälder streift, weithin hörbar tiefe Rufe ausstößt und mit jedem anderen Männchen, dem er begegnet, den Kampf aufnimmt.“ (2000, S. 101)

Eine belanglose Beobachtung aus dem Tierreich? Nein! Bei uns nah verwandten Tieren ist es anscheinend so überlebenswichtig, nicht zu früh zu konkurrieren, dass die Natur eine Wachstumsbremse eingebaut hat. Der Orang-Utan ist nicht nur im Verhalten „schüchtern“, er behält sogar eine Jugendform, die ihn schützt. Wir würden annehmen, dass Verhalten vielleicht veränderbar ist, Körpergröße und Form nach Jahrzehnten aber nicht mehr. Tatsächlich ist bei dieser Art – wenn die Umstände denn günstig sind – sogar noch ein verspätetes Körperwachstum möglich. Da kommt Hoffnung auf, dass umso leichter auch eine Verhaltensweise, die Schüchternheitshemmung, aufhebbar ist, wenn endlich die eigene Stärke als höher oder wenn die Aggressivität und Dominanz der Mitmenschen (Mit-Tiere) als geringer eingeschätzt wird.

1.9.5 Früher schüchtern

Also lohnt es sich nach Beispielen von Menschen zu suchen, die einmal sehr schüchtern waren, es dann aber plötzlich nicht mehr sind. Im Kapitel 2 zeigt Abbildung 3, wie stark die Veränderung der Schüchternheit war, die eine Gruppe vom 270 Studenten in ihrem Leben erfahren hat. Abbildung 2 zeigt, wie viel Zeit es brauchte, bis diese Veränderung zu Stande kam. Wir können daraus lernen, dass erhebliche Änderungen auch in wenigen Jahren möglich sind.

Es gibt viele Beispiele, in denen Schüchternheit völlig überwunden wurde. Eines ist das erfolgreiche Leben von Angela:

Beispiel:
Hiltrud ist ein schüchternes kleines Mädchen. Ihr Vater ist im Beruf sehr erfolgreich, aber zu Hause ein Tyrann. Er schreit, tobt, schlägt die Schwester, aber auch sie häufig. Sie ist in der Schulzeit völlig verängstigt und schüchtern. In der Schule traut sie sich nicht, sich zu melden. Nur deshalb wird sie von ihren Lehrer für wenig leistungsfähig gehalten.

Beide Geschwister werden beim Mittagessen oft beschimpft, wie dumm und unfähig sie seien. Der Mutter, die darauf völlig hilflos reagiert, ergeht es ähnlich. Tatsächlich war sie als Kind auch sehr schüchtern, ist als erwachsene Frau immer etwas schüchtern geblieben und kann sich gegen die Dominanz des Ehegatten nicht wehren.

Erst als Studentin mit einer Studentenbude weit weg von Hannover in München beginnt es, Hiltrud besser zu gehen. Sie ist hübsch und hat Erfolg bei den Kommilitonen. Sie macht alle Zwischenprüfungen und Prüfungen mit guten Noten. Sie bemerkt, dass ihre Umgebung gar nicht mehr so bedrohlich und einschüchternd ist wie früher. Sie bemerkt auch, dass sie Eigenschaften hat, die von ihrer Umgebung geschätzt werden, dass sie also gar nicht so schwach ist, wie sie annehmen musste. Ihre Schüchternheit beginnt sich zu verlieren, ja sie wird besonders geschickt und elegant im Umgang mit anderen. Sie spielt mit ihrem Ehemann auf Festen kleine Theaterstücke, sie hält völlig ohne Lampenfieber eine fabelhafte Rede zum 70. Geburtstag des Vaters. Der Beruf als Dozentin macht ihr Spaß, sie tritt gerne vor Menschengruppen auf.

Fazit und Zusammenfassung:

1. Die Schüchternheit kann durch ungünstige Bedingungen entstanden sein, sie kann auch angeboren sein. Sie brauchen also nicht unbedingt Ihre Eltern, Geschwister oder Klassenkameraden zu beschuldigen. Sie können mit all diesen Menschen (die ja vielleicht sogar auch selbst schüchtern sind) in Frieden leben.
2. Die starke Schüchternheit ist ein Überbleibsel der Evolution, ein Relikt aus mörderischen zwischenmenschlichen Zeiten. Damals war sie überlebensnützlich, heute, in zivilisierten Gesellschaften, braucht man sie nicht, ja sie ist hinderlich. Sie ist also weder neurotische Störung noch Krankheit. Sie ist ein „etwas mehr" von einer Eigenschaft, die alle Menschen haben.
3. Wenn Schüchternheit nicht mehr gebraucht wird, ist sie aber irgendwie „irrational", und es besteht kein Grund, sie nicht aufzugeben.
4. Obwohl also die Schüchternheit vererbt sein kann, kann sie gezügelt werden. Dafür gibt es viele Beispiele (auch andere vererbte Eigenschaften können aufgegeben oder unterdrückt werden; auch unsere Aggression lernen wir ja zu zügeln).

2 Selbsthilfe und Selbstdiagnose der Schüchternheit

Zunächst will sich das Selbsthilfebuch einmal selbst thematisieren. Was ist von solchen Büchern, die Selbsthilfe versprechen, zu halten, und was weiß man über ihre Bewährung?

2.1 Selbsthilfe bei Schüchternheit

Eignet sich ein Selbsthilfebuch für schüchterne Menschen, oder wäre es sinnvoller, eine Psychotherapie zu beginnen?

Man weiß bereits etwas über die Wirksamkeit von Selbsthilfebüchern. Bei Partnerschaftsproblemen z. B. scheinen sie auf die Dauer nicht besonders hilfreich zu sein. Gerade für Schüchterne aber ist ein Selbsthilfebuch geeignet, weil sie oft davor zurückscheuen, zu einem (fremden) Psychotherapeuten zu gehen und auf anderem Wege vielleicht gar keine Hilfe erhalten.

Ein Selbsthilfebuch hat gegenüber einer Psychotherapie ganz generell Vor- und Nachteile.

Vorteile:
– Man hat ein ganzes Bündel von Maßnahmen zur Verfügung, die theoretisch verschiedenen Therapierichtungen zuzurechnen sind. Ein Therapeut wird nur die Maßnahmen seiner eigenen theoretischen Orientierung vorschlagen. – Man sucht die Maßnahme selbst aus. Das ist motivierend. – Das Buch steht zur Verfügung, wenn man es braucht. Auf einen Therapieplatz muss man mitunter lange warten. – Der Hilfesuchende kann auf Therapeuten treffen, die nicht für diese Symptomatik spezialisiert sind. Der Autor des Selbsthilfebuchs hat sich dagegen ausführlich mit genau dieser Thematik befasst.

- Man kann die Schwere der Symptomatik gegenüber sich selbst und dem Buch ohne Scham zugeben.
- Man kann an einen schlechten Therapeuten geraten.

Nachteile:

- Vielleicht ist die selbst gestellte Diagnose (hier Schüchternheit) falsch, dann können natürlich auch die Maßnahmen nicht wirken.
- Es wird so getan, als ob das Buch sicher helfen könne, also falscher Optimismus verbreitet. Bei Misserfolg muss der Hilfesuchende glauben, ein besonders schwerer Fall zu sein.
- Man weiß nicht, wie lange man eine Maßnahme ausprobieren soll oder wann sie als gescheitert angesehen werden muss.
- Die Maßnahmen sind vielleicht nicht gut dargestellt oder werden aus anderem Grund falsch verstanden und nicht richtig durchgeführt. Darüber gibt es keine Kontrolle.
- Man kann sich nicht gut motivieren, ein ganzes Buch zu lesen. In einer zwischenmenschlichen Kommunikation kann man sich besser konzentrieren.
- Man hat ein schlechtes Buch erwischt (allerdings gibt es bei Büchern Rezensionen und im Internet auch Erfahrungsberichte, solches gibt es über Therapien und Therapeuten im Allgemeinen nicht).

Auf jeden Fall ist nicht ausgemacht, dass eine Therapie immer besser wirkt als ein Selbsthilfebuch. Viele Therapeuten empfehlen sogar ausgewählte Selbsthilfebücher begleitend zu ihrer Therapie.

Selbsthilfebücher können für den Schüchternen durchaus die einzige Möglichkeit sein, Hilfe zu erlangen. Je nach Ausmaß der Schüchternheit trauen sie sich nämlich gar nicht, eine Beratung aufsuchen.

2.2 Selbstdiagnose

267 Studenten haben im Jahr 2004 einen Fragebogen zur Schüchternheit ausgefüllt. Ihr Alter variiert von 19 bis zu 60 Jahren, allerdings sind die meistern der Teilnehmer in einer Altersgruppe von 20 bis 30 Jahren. Die Ergebnisse sollen hier so dargestellt werden, dass Sie, liebe Lese-

rinnen und Leser, sich damit vergleichen können. Weil sich die Antworten von Männern und Frauen und von den jüngeren und älteren Personen nicht wesentlich unterschieden, sind die Werte von Männern und Frauen und Jüngeren und Älteren in den folgenden Tabellen und Abbildungen zusammengefasst. Weil es in den Mittelwerten keinen erkennbaren Alterstrend gab, können sich alle Erwachsenen Personen mit diesen Werten vergleichen.

Die Befragten beurteilten sich auf einer neunstufigen Skala: Die Definition der Werte von 1 bis 9 sind in den Tabellen wiedergegeben.

Neben den Skalenwerten sehen Sie in der zweiten (mittleren) Spalte die Prozentzahl der Personen, die genau diesen Skalenwert angegeben haben. In der dritten (rechten) Spalte sind die Prozentwerte von extrem stark beginnend aufaddiert. Daran können Sie ablesen, wie viel Prozent der Stichprobe das Problem in einem gleich starken oder noch stärkeren Maß als dieser Skalenwert haben. Die Prozentzahl neben dem Skalenwert 7 zeigt also an, wie viele Personen der Stichprobe das Problem entweder in der Stärke 1, 2, 3, 4, 5, 6 oder auch in der Stärke 7 empfinden.

Tabelle 1: Aktuelle Schüchternheit

Skalenwert	% dieser Antwort	% zusammengezählt
1 extrem stark	0,4	0,4
2 sehr stark	0,8	1,2
3 stark	6,9	7,7
4 etwas über Durchschnitt	13,5	21,2
5 Durchschnitt	17,8	39,0
6 etwas unter Durchschnitt	22,0	61,0
7 gering	28,9	89,9
8 sehr gering	8,6	98,5
9 gar nicht	1,5	100

Tabelle 1 zeigt, dass nur eine kleine Minderheit der Stichprobe sich fast frei von Schüchternheit erlebt. Auf der anderen Seite sehen sich nur wenige Personen als sehr schüchtern an. Dies mag auch an der Tendenz liegen, sich bei solchen Befragungen zu schützen und sich etwas problemfreier darzustellen, als man wirklich ist. Bei einer Frage nach der minimalen Schüchternheit im eigenen Leben, also nach einem Wert, der nun nicht für das aktuelle Selbstbild relevant sein muss, geben mehr Personen einen hohen Schüchternheitswert an als bei der aktuellen Schüchternheit.

Fragt man nämlich nach der maximalen Schüchternheit, die die Befragten in ihrem Leben durchgemacht haben, geben nun über 50 Prozent (!) der Stichprobe sehr hohe Ausprägungsgrade von Schüchternheit an. Es zeigt sich, dass viele Befragte in der Zeit des Jugendalters und der Pubertät die höchste Schüchternheit empfanden. Insgesamt wird deutlich, dass viele Menschen unter starker Schüchternheit leiden.

Zuzüglich zur Frage nach der höchsten Schüchternheit im Leben und nach der geringsten Schüchternheit im Leben wurde nach Altersangaben für die

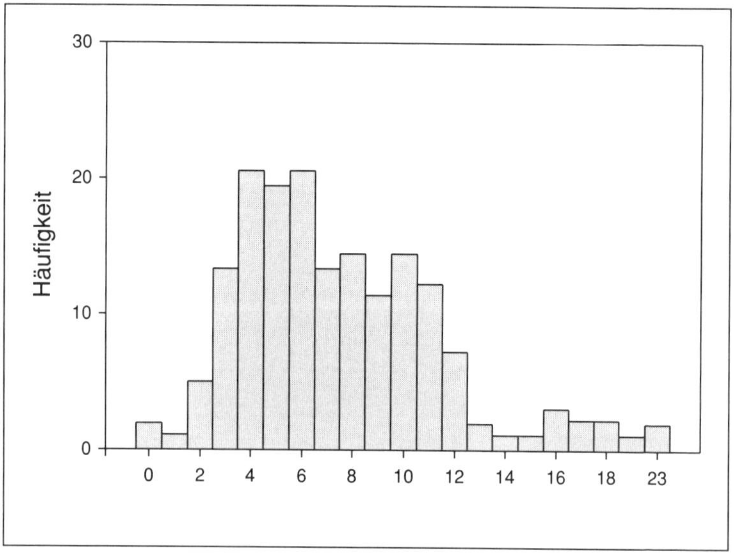

Abbildung 2: Zeitraum zwischen größter und geringster Schüchternheit in Jahren

höchste und niedrigste Schüchternheit gefragt (vgl. Abbildung 2). Zieht man die (absoluten) Werte voneinander ab, erkennt man, wie lange eine Änderung der Schüchternheit vom höchsten erlebten Wert zum niedrigsten erlebten Wert gedauert hat. Dabei wird deutlich, dass – gleichmäßig verteilt über die Altersdifferenzen – im Verlauf von drei bis zehn Jahren maximale Veränderungen der Schüchternheit vorgekommen sind. Dies ist eine außerordentlich tröstliche Botschaft. Schüchternheit kann sich ändern!

Dies wird besonders relevant, wenn man dazu betrachtet, wie sehr höchster und niedrigster Wert auseinanderliegen. Wieder werden die absoluten Differenzen aufgetragen. Das Häufigkeitsmaximum der Änderung liegt bei 3 Skalenwerten (Abb. 3).

Im Einzelnen sind hier noch einmal die Stärkegrade der Schüchternheit für verschiedene relevante Lebensbereiche dargestellt. Die Frage lautete: In welchem Maße empfinden Sie in den folgenden Lebensbereichen starke oder weniger Starke Hemmungen?

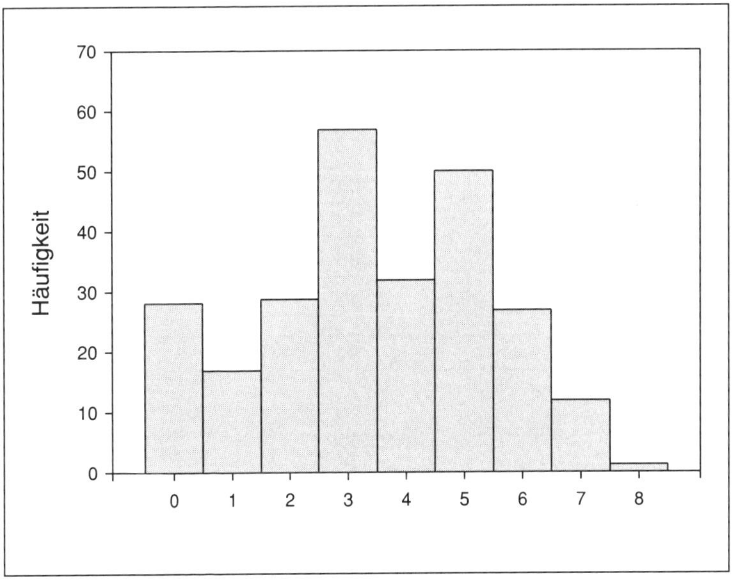

Abbildung 3: Ausmaß der Änderung zwischen höchstem und niedrigstem Wert in Skalenwerten

Tabelle 2: Hemmungen beim öffentlichen Reden

Skalenwert	% dieser Antwort	% zusammen-gezählt
1 extrem stark	0,0	0,0
2 sehr stark	3,5	3,5
3 stark	7,3	10,8
4 etwas über Durchschnitt	8,5	19,3
5 Durchschnitt	15,4	34,7
6 etwas unter Durchschnitt	15,9	50,6
7 gering	21,3	71,8
8 sehr gering	21,3	93,1
9 gar nicht	6,9	100

Ein hoher Teil der Befragten gibt hier höhere Werte für Hemmungen an als bei der aktuellen Schüchternheit.

Tabelle 3: Ausmaß von Gedankenblockaden im Gespräch mit Fremden

Skalenwert	% dieser Antwort	% zusammen-gezählt
1 extrem stark	0,0	0,0
2 sehr stark	3,8	3,8
3 stark	8,9	12,7
4 etwas über Durchschnitt	8,1	20,8
5 Durchschnitt	15,5	36,3
6 etwas unter Durchschnitt	12,3	48,6
7 gering	24,0	72,6
8 sehr gering	17,3	89,9
9 gar nicht	10,1	100

Entsprechend fällt überraschend vielen Studenten auch nicht ein, was sie sagen sollen.

Tabelle 4: Hemmungen im Kontakt mit dem anderen Geschlecht

Skalenwert	% dieser Antwort	% zusammengezählt
1 extrem stark	0,0	0,0
2 sehr stark	1,2	1,2
3 stark	5,3	6,5
4 etwas über Durchschnitt	5,4	11,9
5 Durchschnitt	8,5	20,4
6 etwas unter Durchschnitt	9,2	29,6
7 gering	31,2	60,8
8 sehr gering	26,5	87,3
9 gar nicht	12,7	100

Hier erlebt sich die gemischt-geschlechtliche Studentengruppe als relativ frei von Hemmungen.

Tabelle 5: Hemmungen im Kontakt mit Autoritäten

Skalenwert	% dieser Antwort	% zusammengezählt
1 extrem stark	1,5	1,5
2 sehr stark	5,4	6,9
3 stark	8,9	15,8
4 etwas über Durchschnitt	14,7	30,5
5 Durchschnitt	15,8	46,3
6 etwas unter Durchschnitt	15,0	61,3
7 gering	20,2	81,5
8 sehr gering	15,8	97,3
9 gar nicht	2,7	100

Die Studenten der Gruppe sind im Kontakt mit Autoritäten etwas geübt. Der Kontakt ist auch zumeist wenig bedrohlich, so dass auch hier die Hemmungen etwas geringer sind.

Tabelle 6: Hemmungen beim Essen in Gemeinschaft mit anderen

Skalenwert	% dieser Antwort	% zusammengezählt
1 extrem stark	0,0	0,0
2 sehr stark	3,8	3,8
3 stark	8,9	12,7
4 etwas über Durchschnitt	8,1	20,8
5 Durchschnitt	15,5	36,3
6 etwas unter Durchschnitt	12,5	48,6
7 gering	24,0	72,6
8 sehr gering	17,3	89,9
9 gar nicht	10,1	100

Tabelle 7: Hemmungen auf öffentlichen Toiletten

Skalenwert	% dieser Antwort	% zusammengezählt
1 extrem stark	0,8	0,8
2 sehr stark	1,9	2,7
3 stark	4,1	6,8
4 etwas über Durchschnitt	6,7	13,5
5 Durchschnitt	10,1	23,6
6 etwas unter Durchschnitt	8,4	32,0
7 gering	15,9	47,9
8 sehr gering	17,0	64,9
9 gar nicht	35,1	100

Auch in diesen beiden Verhaltensbereichen gibt es in der Gruppe sehr starke Hemmungen, wenn auch die meisten Studenten sich hierbei ungehemmt fühlen.

Wie hängen diese Werte bei einer Person miteinander zusammen?

Bislang wurden die Häufigkeitswerte aller Personen berichtet. Diese Tabellen geben keine Auskunft darüber, ob es z. B. dieselben Personen sind, die eine hohe aktuelle Schüchternheit und hohe Hemmungen beim Kontakt mit dem anderen Geschlecht erleben.

Wer in dieser Umfrage eine hohe Schüchternheit berichtet, ist auch im Kontakt mit Autoritäten, mit dem anderen Geschlecht und mit Fremden gehemmt. Im Gespräch fällt ihm nichts ein. Er hat auch Hemmungen beim Essen in Gemeinschaft. Diese Hemmungen weisen auch untereinander zum Teil sehr hohe Beziehungen (Korrelationen) auf.

Hemmungen auf öffentlichen Toiletten hängen mit der berichteten Schüchternheit dagegen nicht sehr stark zusammen. Sie korrelieren nur mit Hemmungen beim Essen mit im Kontakt mit anderen. Hier könnte ein spezieller Unterbereich der Schüchternheit liegen.

2.3 Generelle Methoden der Selbstveränderung

2.3.1 Tagebuch

Es gibt den Moment, an dem man damit beginnen will, sich zu ändern. Im Laufe der Tagesereignisse ist der Vorsatz aber bald wieder vergessen, und nichts passiert. Sie kennen das von manchen Silvestervorsätzen. Daher ist es nicht schlecht, den Veränderungswunsch und die Veränderungsschritte schriftlich zu fixieren. Ein Schüchternheit-Veränderungstagebuch ist ein guter Weg. Auf der entsprechenden Tages-Seite dokumentieren Sie den Beginn der Veränderungsepisode.

Zum Beispiel so:
Am … (Datum) habe ich mir vorgenommen, die Schüchternheit zu verwandeln. Ich werde in diesem Tagebuch meine Versuche, meine Beobachtungen bei der Veränderung und meine Erfolge niederschreiben. Ich gebe mir selbst das Versprechen, dass ich in einem Zeitraum von … Monaten ausdauernd mit meiner Schüchternheit arbeiten will.

Ich bin wirklich bereit, meine Schüchternheit aufzugeben und auch auf die Vorteile der Schüchternheit zu verzichten.

Unterschrieben: „Noch Schüchterner"

Als Tagebuch eignet sich gut ein DIN A5-Terminkalender, wie Sie ihn überall für wenige Euro kaufen können. So ein Kalender hat für jeden Tag ein Blatt; da kann man allerlei hineinschreiben.

2.3.2 Selbstbeobachtung

Wenn Sie dieses Buch gelesen haben, werden Sie sich für die eine oder andere Selbstveränderungsmaßnahme entscheiden. Vielleicht wollen Sie versuchen, den Menschen, mit denen Sie zu tun haben, verstärkt Komplimente zu machen. Nun hilft es der Selbstveränderung sehr, wenn Sie jeden Tag ein wenig Zeit investieren und die Zahl der Komplimente, die Sie gemacht haben, aufschreiben. Vielleicht notieren Sie zusätzlich, wie gut das jeweilige Kompliment gelungen war. Gut ist, wenn die Tagebucheintragung zur Gewohnheit wird, wenn Sie also jeden Tag vor dem Zubettgehen wenige Minuten mit den Eintragungen verbringen. Beim Vor- und Zurückblättern bekommt man einen Eindruck von den Fortschritten.

2.3.3 Selbstbelohnung

Man kann sich selbst auch durch Belohnungen motivieren. Wenn Sie die Sache mit den Komplimenten eine Woche lang wirklich versucht haben und es auch funktioniert hat, dann erlauben Sie sich etwas Schönes. Das kann ein Einkauf sein, das kann aber auch eine Aktivität sein, wie z. B. ins Kino gehen. Eine belohnende Aktivität muss natürlich nicht unbedingt etwas kosten: Es kann auch ein Stadtbummel oder ein Waldspaziergang sein, ein wenig Computerspielen oder einfach ein ruhiger Nachmittag ganz für sich. Schon allein eine Erfolgs-Markierung im Veränderungs-Tagebuch hat motivierende Wirkung. Zum Beispiel malen Sie immer, wenn Ihnen etwas geglückt ist, einen roten Stern in das Buch.

Um sich noch weiter zu motivieren, ist es möglich, negative Konsequenzen festzulegen. Wenn Sie den Vorsatz, Komplimente zu machen, einfach außer Acht lassen, dann nehmen Sie sich vielleicht „zur Strafe" vor, eine Spende an das Rote Kreuz zu geben.

2.3.4 Kontrakte

Solche Vorsätze kann man in einem kleinen Vertrag mit sich selber festlegen. Die eigene Unterschrift unter den Vertrag macht die Absichten noch verbindlicher. Der schriftliche Vorsatz zum Beginn der Veränderungsepisode war schon ein solcher Kontrakt.

Hier ist ein weiteres Beispiel für einen konkreten Vorsatz:
Selbstverpflichtung, … (Ort), den … (Datum)

Wenn es mir gelingt, in der kommenden Woche in meinem Berufsumfeld jeden Tag einmal (aber jeweils verschiedenen Personen) ein Kompliment zu machen, dann kann ich mir am Wochenende einen ausführlichen Stadtbummel mit langem Stöbern in der Bücherei erlauben.

Unterschrieben „Noch Schüchterner"

Wenn Ihr Partner eingeweiht ist und am Veränderungsprozess mitarbeiten will, kann er die Bestätigung geben, ob das gewünschte Verhalten auch verwirklicht wurde.

Beispiel:
Selbstverpflichtung, ... (Ort), den ... (Datum)

Ich will beim Kleiderkaufen am Samstag laut und deutlich sprechen. Ich will aufrecht, gerade stehen und dem Verkäufer ab und zu in die Augen sehen. Ich will spontan sagen, wenn mir ein vorgeschlagenes Kleidungsstück nicht gefällt. Wenn meine Partnerin Claudia sagt, dass das gelungen ist, will ich mir am Wochenende erlauben, drei Stunden in meinem neuen Roman zu lesen. Wenn es mir nach Claudias Meinung aber nicht gelingt, will ich in der Zeit den Keller aufräumen.

Unterschrieben „Noch Schüchterner"

2.3.5 Das „All-better"-Bild

Das Veränderungs-Tagebuch kann auch selbst gemalte Bilder enthalten. Das „Alles-ist-wieder-gut-Bild" wäre ein Beispiel (Abbildung 4). Diese „Veränderungstechnik" ist nicht spezifisch für Schüchternheit, aber man kann sie auch bei Schüchternheit einsetzen. Zunächst malt man ein Bild, wie die Schüchternheit jetzt aussieht. Dabei sind der Fantasie keine Grenzen gesetzt. Beispielsweise kann man die Schüchternheit 1. als eiserne Klammer malen, die einen lähmt, man kann 2. ein Bild des Abseits-Stehens wählen oder 3. das Bild des rot werdenden Gesichtes. Man kann auch 4. ein abstraktes Bild wählen, vielleicht ein schweres Gewicht, das auf einem Herzen liegt. Dies sind aber nur Beispiele, es gibt sicher noch bessere Möglichkeiten, den Zustand Ihrer individuellen Schüchternheit ins Bild zu setzten.

Schließen Sie die Augen und lassen Sie in Ihrer Vorstellung nun ein Bild Ihrer Schüchternheit entstehen. Das Bild malen Sie nun auf eine freie Seite Ihres Tagebuchs (oder sogar auf ein größeres Malpapier, dann kann man die Bilder später aufhängen). In einem zweiten Schritt geht man nun von dem Zustand aus, der auf diesem Bild dargestellt ist, und überlegt sich, wie das Bild sich verwandeln müsste, wenn alles gut wäre. Dieses zweite Bild soll sich also als eine Veränderung des ersten Bildes ergeben.

Gut wäre, wenn diese Veränderung direkt im bildhaften Denken gewonnen wird, wenn Sie also wieder die Augen schließen und die bildhafte Verwandlung in Ihrer Vorstellung geschehen lassen. Für die genannten Beispiele ergaben sich folgende „Alles-gut-Bilder“: 1. Die Klammer fällt ab und liegt am Boden, 2. man steht in freundlicher Gemeinschaft, 3. das Gesicht ist einem anderen zugewandt und hat nur ein wenig liebevoll-rote Backen, 4. aus dem Gewicht wird ein Ballon, der das Herz nach oben zieht (dies inszeniert, dass die Kraft, die die Schüchternheit verbraucht, nun auch genutzt werden soll).

Abbildung 4: All-better-Bild. So sieht die gegenwärtige Lage aus: Alleine abseits stehen. So soll es aussehen: Mit den Menschen zusammen fröhlich im Kreis tanzen.

Gerade das „Alles-ist-gut-Bild“ eignet sich als Wandschmuck. Wenn man auf das selbst gemalte Bild blickt, prägt man dem bildhaften Denken immer wieder ein, in welche Richtung die Entwicklung gehen soll. Andere Menschen brauchen ja gar nicht zu wissen, was dieses Bild für Sie bedeutet. Wer also etwas Spaß am Malen hat, sollte bei dieser Übung sein künstlerisches Talent in den Dienst der eigenen Entwicklung stellen.

2.4 Die Illusion: „Die Schüchternheit wird sofort erkannt“

Das Gefühl der Unzulänglichkeit und die soziale Angst sind stark und drängend, aber von außen ist das nicht notwendigerweise zu erkennen. Haben Sie sich einmal auf einem Video-Band gesehen? Sie selbst haben sich in der Situation ganz unwohl gefühlt - von außen betrachtet sieht es vielleicht nur nach höflicher Zurückhaltung aus. Das zu wissen, beruhigt.

Zudem sind die meisten Mitmenschen keine allzu genauen Beobachter. Sie sind meistens nur mit sich selbst beschäftigt. Es fällt ihnen zunächst einmal gar nicht auf, dass Sie gar nichts sagen oder dass es eine kleine Ungeschicklichkeit gab. Erinnern Sie sich daran, wie wenigen Gästen z. B. Ihre neue Brille oder dramatische Änderungen in ihrer Wohnung aufgefallen sind.

Also: Die Schüchternheit ist in Ihnen drin und nicht so leicht zu sehen, und die anderen sehen sowieso nicht allzu viel. Das beschützt schon einmal. Ihnen selbst fällt Schüchternheit bei anderen natürlich leichter auf, weil sie für die Symptome sensibilisiert sind. Überprüfen Sie einmal, ob Ihren (wenig schüchternen) Begleitern bei Fremden Schüchternheit auffällt; Sie werden überrascht sein, wie selten das der Fall ist. Man ist also als Schüchterner nicht von vornherein „erkannt" und abgewertet, sondern zunächst einmal „inkognito schüchtern".

Zimbardo (1989) unterscheidet zwischen privater Schüchternheit, die der Betroffene gut verbergen kann (ja, keiner würde so jemanden für schüchtern halten), und öffentlicher Schüchternheit, die andere bemerken können (s. o.).

Die Angst vor der Blamage lässt sich auch durch Öffentlichmachung („Outen") verhindern!

Manchmal kann es nützlich sein, sich zu „outen", bevor es zu einer Blamage kommt. Das nette Mädchen will etwas mit Ihnen unternehmen, und nun – helle Panik – fragen Sie sich, wie das ausgehen wird. Was wird Sie von Ihnen denken, wenn sie ein einsilbiger Begleiter sind? Sie könnte zum Beispiel daraus schließen, dass Sie kein Interesse an ihr haben oder sogar arrogant sind, sich vielleicht aus irgendeinem Grund als etwas Besseres fühlen. Wenn Sie vermuten, dass der Partner/die Partnerin eigentlich ganz nett und hilfsbereit ist, kann es nützlich sein, gleich zu Beginn zu sagen, dass man schüchtern ist und es einem gar nicht so leicht fällt, mit der ungewohnten Situation umzugehen. Wenn der andere eine wenig Interesse an Ihnen hat, wird er wahrscheinlich hilfsbereit sein und von sich aus Gesprächslücken überbrücken. Auf jeden Fall aber wird dessen möglicherweise ebenfalls vorhandene Schüchternheit ganz wesentlich gemindert, denn er kann sich nun, in der Rolle des hilfsbereiten Freundes neben einem schüchternen Menschen, freier fühlen. Wahrscheinlich gelingt der Kontakt jetzt insgesamt leichter.

Das „Outen“ scheint allerdings gegenüber Gruppen kein allzu geeignetes Mittel. Gruppen sind oft unnachsichtig, manchmal brutal, und es wird sich womöglich jemand finden, der Ihre Mitteilung für dumme Scherze nutzt.

Warum wirken Schüchterne manchmal arrogant und hochnäsig? Was kann man dagegen tun?

Wenn man nicht gleich antwortet, wenn man mit anderen nicht zusammen sein will, wenn man zum Beispiel zu Feiern nicht mitgeht, kann das natürlich auch eine andere Ursache haben als Schüchternheit. Man mag diese anderen und ihre Treffen eben nicht. Dies ist auch die Interpretation, die die Sozialpartner leichter als die „Diagnose“ Schüchternheit treffen werden. Sie empfinden dann den Schüchternen zu Unrecht als arrogant, überheblich und eben wenig sympathisch. Ich habe schüchterne Menschen gekannt, die sich diese Interpretation sogar ein wenig zu Eigen machten. Sie empfanden es als Kompliment, angeblich „etwas Besseres“ zu sein, und haben nicht verstanden, dass darin eine starke Kritik liegt, die zur sozialen Abwendung führt.

Sich als schüchtern zu „outen“ (s. o.), wird manchmal helfen, manchmal geht das nicht, weil der Kontakt eben gar nicht intim genug für eine solche Mitteilung ist; vielleicht ist man aber auch sogar für diese Mitteilung zu schüchtern. Hier liegt also eine Hauptgefahr für die Sozialkontakte, die man sich doch so dringend wünscht und die ja jeder Mensch braucht. Wie ist der Eindruck der Hochnäsigkeit zu vermeiden?

- Sie müssen für Ihr Verhalten Erklärungen geben. Oft werden nun „Ausreden“ verwendet, die den Eindruck der Arroganz verstärken: Sie sagen zum Beispiel ein Treffen ab, „weil Sie keine Lust haben“ oder „weil Sie schon etwas anderes vorhaben“. Natürlich merken die anderen bald, dass das nicht stimmen kann. Sie müssen also mit den

„Ausreden“ aufpassen. Auch krank zu sein, Durchfall zu haben etc. kann man nur gelegentlich als Absagegrund verwenden. Erklärungen, die in die Nähe des „Outens“ kommen, sind besser, weil Sie die „Schwäche“ bei Ihnen selbst und nicht bei den anderen lokalisiert. Wenn Sie vielleicht sagen, dass es Ihnen immer etwas schwer fällt, mit vielen Fremden zusammenzukommen, kann das keinesfalls als Arroganz ausgelegt werden. Sie können sagen, dass Sie erst etwas Vertrautheit mit Menschen brauchen, um sich wohl zu fühlen etc. Auf jeden Fall muss der Eindruck vermieden werden, an den anderen sei Ihnen irgendetwas nicht gut genug

- Sie können vielleicht bei einer Einladung zusagen und dabei erwähnen, dass man von Ihnen nicht erwartet solle, viel zur Unterhaltung beizutragen, weil Sie oft den Eindruck hätten, andere wüssten viel besser Bescheid. Nur unter dieser Bedingung könnten Sie mitkommen. Dies ist nun viel mehr ein Kompliment an Ihre soziale Umgebung als eine Hochnäsigkeit.
- Wenn Sie einfach sagen, dass Sie nicht so leistungsfähig sind und Erholung brauchen, ist es schon halb so schlimm: Der Fehler liegt ganz offensichtlich bei Ihnen selbst. Die anderen sind entlastet.

2.5 Was kann erreicht werden?

Es gibt viele dramatische Veränderungen von schüchternen Menschen. Manchmal ganz plötzlich, manchmal im Verlauf einer gewissen Zeit haben Sie es geschafft, ihre Hemmungen zu überwinden.

Solche Einzelfälle lassen aber nicht erkennen, welche Chance jeder einzelne hat, sich zu einem sozial kompetenten und sozial genussfähigen Menschen zu entwickeln. In der Schüchternheitsklinik von Zimbardo sind über viele Jahre relevante Daten erhoben worden. 40 Prozent der Klienten dieser Klinik konnten im Laufe des Behandlungsprogramms ihre Schüchternheit überwinden. Solch eine Schüchternheitsklinik suchen Menschen auf, die von ihrer Schüchternheit stark behindert werden. Bei milderen Graden von Schüchternheit wird die Überwindungsquote noch höher liegen. 40 Prozent sind fast die Hälfte der Klienten. Jeder hat also eine gute Chance, die Schüchternheit zu verwandeln.

Im Laufe einer Therapie und genauso im Laufe einer Selbstveränderung kann es gute und schlechte Tage geben, Phasen schnellen Fortschritts und Phasen kaum sichtbarer Veränderung. Vielleicht ist die Schüchternheit auch in einer bestimmten Situation ohne erkennbaren Grund einmal schlimmer als vorher. Dann muss man mit dem Veränderungsprozess Geduld haben und die Flinte nicht ins Korn werfen. Nur eine gewisse Ausdauer wird schließlich belohnt.

3 Was kann ich konkret zur Bewältigung der Schüchternheit tun?

Aus dem geschilderten Verständnis der Schüchternheit ergeben sich ganz folgerichtig drei Wege zur Selbsthilfe:

1. *Sie müssen immer wieder einmal überprüfen, ob Sie wirklich schwach sind!* Als Kind ist man tatsächlich schwach und erlebt oft sogar körperliche Gewalt. Als Erwachsener ist man stark, hat es aber vielleicht noch gar nicht bemerkt – wie Alice im Wunderland, als sie, riesig geworden, vor dem kleinen Kaninchen zittert. Diese Überprüfung kann sich auch, aber natürlich nicht nur, auf Körperkraft beziehen. Stärke kann auch aus Wissen, aus Geschicklichkeiten und Fertigkeiten, aus Freunden und sozialen Beziehungen, aus Unabhängigkeit, Revierbesitz und Finanzkraft bestehen. Wenn Sie entdecken, dass Sie stärker sind als gedacht und gefühlt, kann ein besseres Selbstbewusstsein entstehen, das die Schüchternheit langsam abbaut. Bereits im Alter von vier Jahren gibt es eine hohe Korrelation zwischen Selbstbewusstsein und Schüchternheit. Diese Beziehung gibt es gleichermaßen über die ganze Lebensspanne (Kemple, 1995). Die Überprüfung der „Schwäche" alleine führt möglicherweise schon zu einer neuen Stärke.

Beispiel:
Herta war ein sehr schüchternes Kind. Sie versuchte immer, besonders brav zu sein; die Mutter verlangte aber auch absoluten Gehorsam. In der Schule war sie still und meldete sich kaum. Sie blieb auch als Erwachsene etwas schüchtern, aber es gab eine Zeit, in der die Schüchternheit sich insgesamt etwas besserte, das war die Pubertät. Sie erinnert sich noch heute, mit 80 Jahren, genau daran, wie sie einmal etwas machte, was die Mutter verboten hatte. Sie war damals mit Freundinnen, ohne zu fragen und ohne es der Mutter später zu sagen, ins Kino gegangen. Irgendwie hatte sie sich ab diesem Erlebnis stärker und unabhängiger gefühlt. Gleichzeitig wurde sie eine hübsche junge Frau und konnte bemerken,

wie die jungen Männer ihr nachschauten. Sie stellte mit Erstaunen fest, dass es etwas „Begehrenswertes“ an ihr geben müsse. Die Schüchternheit war seit diesen Lernerfahrungen weniger stark und damit leichter zu ertragen.

2. *Sie müssen immer wieder einmal prüfen, ob andere wirklich stark und dominant und aggressiv sind!* Eltern übten vielleicht in Wort und Tat aggressive Übergriffe aus. Aber der Einfluss von Autoritätspersonen, Eltern, Lehrern etc. lässt im Lauf der Entwicklung nach. Was könnten Eltern und Vorgesetzte ihnen heute wirklich noch zu Leide tun? Auf der anderen Seite: Wie viele Menschen sind bereit, Ihnen zu helfen und Sie zu unterstützen! Vielleicht haben Sie einen Partner, auf den Sie sich verlassen können. Auf jeden Fall aber würde ja die Gesellschaft tätliche Übergriffe verhindern.
   Wenn Sie versuchen, sich immer wieder mal mit Ihren Absichten und Wünschen durchzusetzen, werden Sie erleben, wie stark der Widerstand der anderen wirklich ist.
3. *Sie müssen lernen, im Einklang mit der Schüchternheit zu leben, ja die Vorteile der Schüchternheit zu nutzen.* Schüchternheit kann ja auch sympathisch machen. Man will anderen Sozialpartnern ganz offensichtlich nichts wegnehmen. Also sollte man diese Seite der Schüchternheit systematisch nutzen. Es gibt Beschäftigungsfelder und soziale Kommunikationsformen, die von der Schüchternheit weniger behindert werden. Auf solchen Wegen (die hier später noch besprochen werden) können Kontakte und Freundschaften aufgebaut werden, in deren weiteren Verlauf die Schüchternheit dann keine Rolle mehr spielt.

Ein Verhaltensbereich wird dabei besonders ausführlich behandelt: Schüchternheit wird speziell in sozialen Situationen bedrängend. Daher werden einige Aspekte sozialer Situationen besprochen.

Auf den folgenden Seiten werden Maßnahmen empfohlen, um die Schüchternheit zu mindern oder ganz zu überwinden. Man muss sich ein wenig Zeit dafür nehmen, man muss es aber auf jeden Fall versuchen. Es ist beim Lesen ungefähr so, als studiere man den Bauplan für ein neues Haus. Dadurch ist das Haus aber noch nicht gebaut, man muss den Plan auch in Handlungen umsetzen!

Schreiben Sie Erfolge und auch eventuelle Rückschläge in Ihr Schüchternheits-Tagebuch. In keinem Lernprozess gibt es nur Fortschritte, manchmal hat man einen schlechten Tag und nichts will wie beabsichtigt gelingen. Das Schüchternheits-Tagebuch kann Ihnen dann helfen, sich den generellen Trend der Lern- und Umwandlungsepisode vor Augen zu halten. Eventuell ist es dabei wichtig, jeden Tag einen Tageswert für die Schüchternheit einzutragen – vielleicht auf der Skala 1 (gar nicht schüchtern) bis 9 (sehr schüchtern).

3.1 Überprüfen: Bin ich wirklich so schwach, unansehnlich und angreifbar?

3.1.1 Gute Eigenschaften auflisten, Komplimente ernst nehmen

Machen Sie eine Liste der Komplimente, die Sie einmal gehört haben.

Versuchen Sie sich an alle Komplimente zu erinnern, die Sie jemals gehört haben. Machen Sie bitte eine kleine Liste. Beim ersten Erinnerungsversuch fällt einem vielleicht gar nicht viel ein. Man muss sein Gedächtnis auf die Aufgabe erst einstellen. Wenn man immer wieder mal an die Frage denkt, welche Komplimente man jemals gehört hat, was verschiedene Personen für Komplimente gemacht haben, in welchen Kompetenzbereichen es zu Komplimenten kam, dann passiert es, dass das Gedächtnis quasi unbewusst an der Aufgabe arbeitet und einem nun ganz unerwartet neue Beispiele einfallen, ohne dass man gerade an die Aufgabe gedacht hat.

Es kann aber auch sein, dass das negative Selbstbild Komplimente sozusagen abblockt. Weil man sie nicht für wahr hält, nimmt man sie auch gar nicht wahr. Wenn Sie sich gar nicht an Komplimente erinnern können, sollten Sie sich einmal eine Woche lang vornehmen, aufmerksam zu beobachten, ob nicht ein Sozialpartner etwas Positives zu Ihnen sagt.

3.1.2 Machen Sie eine Liste Ihrer guten Eigenschaften

Ihre Stärken erschöpfen sich nicht in dem, was andere wahrnehmen, z. B. werden ein gutes Herz und eine aufrichtige Gesinnung von anderen kaum in Komplimenten formuliert. Machen Sie über die Liste der Komplimente hinaus also eine Liste Ihrer guten Eigenschaften, ihrer Stärken!

Bei guten Eigenschaften denkt man vielleicht zuerst daran, ob man hübsch, intelligent, redegewandt und beliebt ist. Vielleicht wird ein schüchterner Kandidat nach diesen ersten Beispielen von guten Eigenschaften mehr an sich zweifeln, als er es ohnehin schon tat. Es gibt aber gute Eigenschaften, die auch etwas deprimierte schüchterne Menschen bei sich leichter erkennen können:

Beispiele: Bescheidenheit, Hilfsbereitschaft, Zurückhaltung, Zuverlässigkeit, Pünktlichkeit, Warmherzigkeit, Spontaneität, gut Zuhören können, Treue, einfühlsam sein, sensibel für andere sein, fleißig sein, sorgfältig sein, Rücksicht nehmen können, neugierig sein, kreativ sein, offen sein für neue Erfahrungen, mutig sein, handwerklich geschickt sein, sportlich sein, musikalisch sein, sprachbegabt sein, sparsam sein, mit Geld umgehen können, freundlich sein, kräftig sein, spezielles Wissen haben, manche Spiele gut können, gut kochen können, gut und rücksichtsvoll Auto fahren, aufmerksam sein können, philosophisch interessiert sein, begeisterungsfähig sein, genussfähig sein (in bestimmten Bereichen), schnell sein, tierlieb sein, sauber und gepflegt sein, eine schöne Handschrift haben, besonnen sein, freigebig sein, teilen können, herzlich sein, moralische Werte haben, religiös sein, umstellungsfähig sein, ausgleichend sein ... Die Liste könnte man lange fortsetzen. Aber schon, wenn Sie diese Anregungen lesen, fallen Ihnen viele gute eigene Eigenschaften ein!

3.1.3 Die Collage der Stärken

Manchmal ist es gut, etwas zu visualisieren. So kann man es auf einen Blick wahrnehmen, und ein Bild kann man sich auch ganz besonders gut merken. Vielleicht macht es Ihnen Freude, für jede ihrer Stärken ein passendes Bild zu suchen (in Illustrierten, in Werbungen etc.) und daraus eine künstlerische Collage zusammenzustellen: das „Meine-Stärken-Bild“. Wenn Sie eine Liste mit Ihren Stärken an die Wand hängen, wird das auf fremde Besucher ein wenig merkwürdig wirken. Aber das „Meine-Stärken-Bild“ können Sie, ganz ohne etwas erklären zu müssen, als Kunstwerk an die Wand hängen und so ihre Gedanken immer wieder mal auf die eigenen Stärken lenken (vgl. Abbildung 5 und 6).

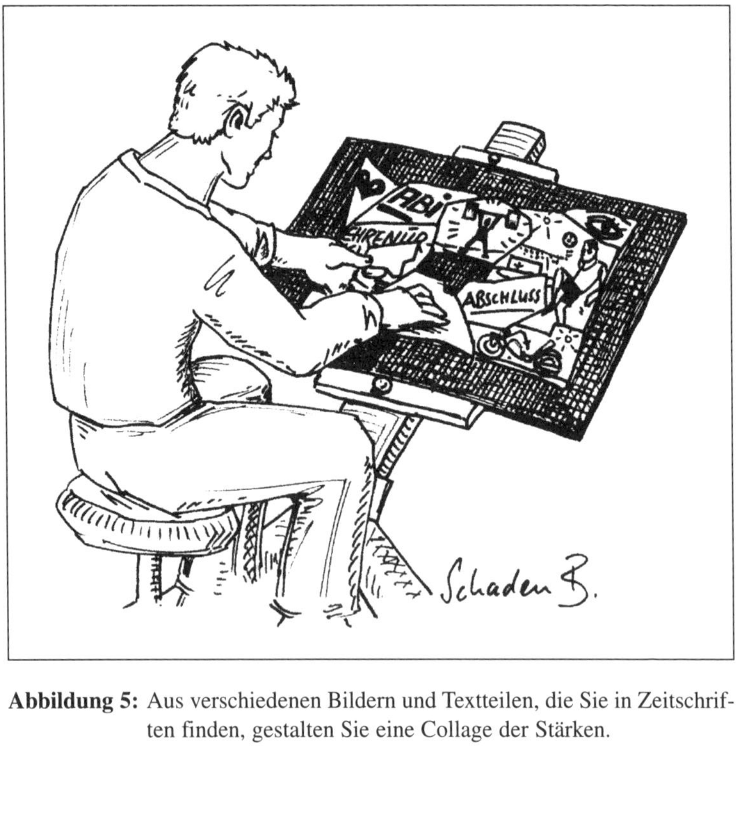

Abbildung 5: Aus verschiedenen Bildern und Textteilen, die Sie in Zeitschriften finden, gestalten Sie eine Collage der Stärken.

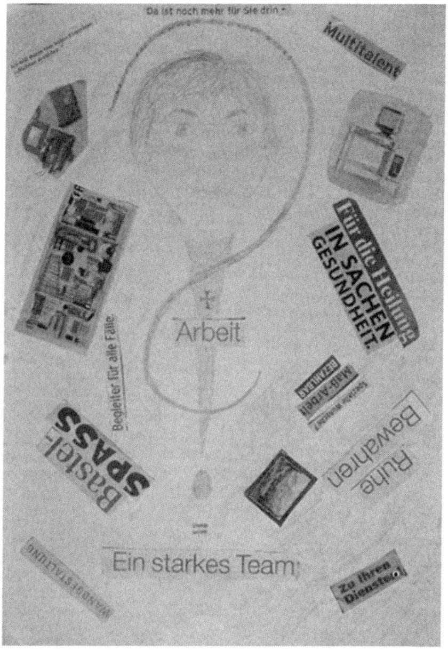

Abbildung 6: Ein Beispiel für eine „Collage der Stärken“. Die Klientin Doris gibt dem Bild den Titel: „Da ist noch mehr für dich drin – man stelle mir eine Aufgabe, und ich versuche sie zu bewältigen.“ Im Bild sind dann die verschiedenen Kompetenzbereiche erwähnt und illustriert, auf die Doris stolz ist.

3.1.4 Einen Brief an mich selbst schreiben

Vielleicht hatten Sie immer schon eine Neigung zur schriftstellerischen Kreativität. Auch ein therapeutisches literarisches Kunstwerk ist möglich. Suchen Sie sich einen fiktiven Briefschreiber, der es gut mit Ihnen meint. Das kann Ihr (früher so geliebter) Teddybär oder eine Puppe sein, die sie über die Ängste der Kindheit begleitet haben, Ihr Hund oder auch eine verstorbene Person. Natürlich können Sie auch eine lebende Person aussuchen, in deren Namen Sie nun einen Brief an sich schreiben. Nehmen wir hier als Beispiel den Teddybären: Der Teddybär hat Ihre Stärken wohlwollend beobachtet und listet nun in einem Brief an Sie eine Reihe Ihrer Stärken auf (Abbildung 7). Vielleicht weiß er auch einen Rat, wie man die Schüchternheit verwandeln kann, vielleicht hat er sogar ganz konkrete Hinweise, mit welcher Verhaltensübung Sie beginnen könnten: Versetzen Sie sich also in Ihren Teddybären und schreiben Sie als Ihr Teddybär einen Brief an sich selbst. Das kann sogar richtig Spaß machen.

Abbildung 7: Stellen Sie sich vor, Ihr geliebter Teddybär schreibt einen Brief an Sie und gibt Ihnen einen Rat, den Sie überraschend gut brauchen können.

Ein Beispiel:
Der Teddybär schreibt an seinen erwachsenen Besitzer.
Lieber N., ich weiß, dass du wegen der blöden Schüchternheit viel leiden musstest und dass du dich nur deswegen immer so hässlich fandest. Wenn du heute auf alte Fotos blickst, erkennst du selbst, dass du doch eigentlich ganz nett aussahst! Und wie schlimm das war, als du dich im Studium melden solltest oder als du im Beruf Präsentationen vorzutragen hattest! Ich wusste aber immer, was in dir steckt, z. B. dass du wirklich mutig bist und gegen deine Angst ankämpfen kannst, dass dir was einfällt, wie man Probleme löst, und dass du ganz schön pfiffig bist. Das haben auch die Frauen entdeckt: Du hattest doch immer Freundinnen, um die dich andere beneidet haben!

Du glaubst, dass du heute deine Schüchternheit völlig überwunden hast. Ich weiß aber nicht so recht. In Wirklichkeit scheust du vor Sozialkontakten doch ein wenig zurück. Du sprichst kaum mit neuen Kollegen oder etwa mit den Mitreisenden in einer Reisegruppe. Du bist dann froh, wenn du eine vertraute Person in deiner Nähe hast, mit der du dich unterhalten kannst. Es scheint mir, dass du dich dadurch isolierst. Dabei haben die neuen Kollegen doch oft etwas davon, wenn Sie mit den alten Hasen reden können. Vielleicht solltest du einmal darauf achten, an „Neue“ immer ein paar nette Worte zu richten!

Der Briefschreiber hat mir versichert, dass sich der Brief des Teddybären an ihn ganz überraschend entwickelt hat. Die Idee, mehr auf neue Kollegen zuzugehen, war so noch nie aufgekommen. Vielleicht hatte der menschliche Briefschreiber eine vage Ahnung, dass da etwas im Argen liegt.

3.2 Stärker werden

Hier folgen Übungen, die Ihnen helfen, sich stärker zu fühlen. Dadurch werden Sie auch wirklich als stärker wahrgenommen – und das ist wiederum dasselbe wie stärker sein!

3.2.1 Die Verhaltensmerkmale von Stärke zeigen und dabei wirklich stärker werden

Der berühmte Schüchternheitsforscher Zimbardo empfiehlt seinen schüchternen Lesern, sich in einigen nonverbalen Merkmalen des Verhaltens mal probehalber einfach einmal nicht-schüchtern zu benehmen:

Erstens soll man auf jeden Fall versuchen, laut zu sprechen und zweitens nach Möglichkeit als Erster das Gespräch zu beginnen. Diese Verhaltensweisen sind Dominanzmerkmale: Das ranghohe Gruppenmitglied spricht laut und zuerst. Wenn Sie – vielleicht ganz ohne sich innerlich danach zu fühlen – diese Empfehlung verwirklichen können, signalisieren Sie einen hohen Rang und werden entsprechend achtungsvoll behandelt. Mit den Symptomen des hohen Ranges (lautes Sprechen, zuerst sprechen) kommt dann im Gefolge ganz von selbst Selbstsicherheit auf.

Es gibt andere solche nonverbale Zeichen von Sicherheit: z. B. der Blick in die Augen des Gesprächspartner. Allerdings darf man den Blick nicht unverwandt, andauernd auf die Augen des Partners lenken, das wirkte dann schon wie eine Bedrohung. Wenn es allzu schwer fällt, ab und an in die Augen des Partners zu schauen, kann man auch auf den Punkt zwischen den Augen blicken, das fällt meist etwas leichter, wirkt aber auf den Partner wie ein Blick in die Augen. Ein weiteres Merkmal von Dominanz ist es, nahe an den Gesprächspartner heranzutreten.

Wer Angst hat, atmet flach. Man will einem Feind nicht durch laute Atemgeräusche auffallen. Die flache Atmung versorgt den Körper mit zu wenig Sauerstoff, und man ist im Gespräch schnell außer Atem. Erlauben Sie sich also auch im Gespräch mit anderen, die Luft tief einzuatmen.

Probieren Sie diese Verhaltenselemente einmal. Mit diesem Probeverhalten ist es dann ein wenig so, als ob einem nicht besonders fröhlich zu Mute ist, die Gesichtsmuskeln aber absichtlich zu einem Lächeln zwingt. Dennoch bewirkt diese Muskelinnervation dann ihrerseits ein wenig Fröhlichkeit. Wenn man sich zwingt, sich so zu verhalten, als ob man selbstsicher wäre, dann bewirkt das tatsächlich, dass man sich sicherer fühlt. Hinzu kommt: Die anderen reagieren nun achtungsvoller, man hat also auch wirklich Grund, sich besser zu fühlen.

Allerdings sind dies Verhaltensweisen, die man vielleicht in einer Ernst-Situation gar nicht ohne weiteres schafft. Daher werden hier Übungsmöglichkeiten und Einsatzhilfen angeboten. Zunächst wieder kann ein Rollenspiel (s. u.) helfen. Wie würde ein berühmter Star sich halten oder sprechen, wie würde er/sie den Blickkontakt zu anderen Menschen aufnehmen? Suchen Sie sich einen Star aus, in dessen Haut Sie probeweise schlüpfen wollen. Vielleicht wäre es interessant, Ihre Übungen zu Hause mit einer Videokamera aufzunehmen, um eine Rückmeldung zu haben. Nutzen Sie wieder Ihre darstellerische Kreativität und tragen Sie vor der Kamera (eventuell auch Tonbandgerät) ein Gedicht vor: einmal schüchtern (also immer leise und monoton) und einmal selbstbewusst (nun mit der richtigen emotionalen Betonung und an der angemessenen Stelle auch richtig laut).

1. *Laut sprechen:* Haben Sie je laut gesprochen? 1a) Üben Sie einmal, ein lautes Radiogerät zu übertönen. Achten Sie dabei darauf, dass Sie gleich zu Beginn, also bei den ersten Sprechlauten, laut sind. In der Ernstsituation sollten Sie auch gleich von Anfang an laut sein. Wenn Sie das mit dem Radio schaffen, wissen Sie schon einmal, wie es geht, von Anfang an laut zu sprechen. 1b) Sprechen Sie laut mit Ihren Familienmitgliedern, bei denen Sie ja sicher gar keine oder nur sehr geringe Schüchternheit empfinden! (Stellen Sie fest, ob die Familienmitglieder die höhere Lautstärke bemerken, wenn nicht, sind Sie noch zu leise.).
2. *Aufrecht stehen:* Schauen Sie sich im Spiegel an, wenn Sie (jetzt alleine) stolz und gerade, aufrecht stehen. Gibt es Empfindungen, die sich einstellen, wenn Sie so stehen? Fühlen Sie etwa den Stoff des Hemdes, der sich über der Brust spannt? Gibt es einzelne Muskelempfindungen, an denen Sie bemerken, dass Sie nun gerade stehen? Diese Empfindungen sollten Sie sich besonders merken und in der Ernstsituation wieder herbeiführen. Wie ist der Verlauf des Blickes? Ist der Blick eher nach oben gerichtet, und Sie müssen den Kopf senken, um den Boden zu sehen? Merken Sie sich, wie Ihr Gesichtsfeld ist, wenn Sie aufrecht stehen und geradeaus blicken.
3. *In die Augen schauen:* Stellen Sie sich eine Aufgabe, bei der man einem Partner auf jeden Fall in die Augen schauen muss. Vielleicht wollen Sie eine Augenflecken-Diagnose stellen. Wie sieht die Iris des Partners genau aus? Wie ist die genaue Augenfarbe? (Übrigens kann ein wenig Kenntnis über Augenfleckendiagnose gar nicht falsch sein,

jeder Partner ist daran interessiert, und Sie haben einen Anlass, tief in die Augen zu schauen, vielleicht ergibt sich daraus ja mehr ...)

4. *Legen Sie sich eine Höflichkeitsfloskel zurecht*, mit der Sie jedes Gespräch beginnen können. Überlegen Sie sich einen Satz, den Sie *zuerst* sagen können. Üben Sie es in der Familie, wenn ein Familienmitglied nach Hause kommt, zuerst etwas zu sagen (und wenn es nur eine Frage ist, z. B. „Wie war es in der Schule?“ oder „Wie war es im Büro?“).

3.2.2 Sicherheit und Revierbesitz

Ganz allgemein fühlt man sich an Orten sicherer, an denen man schon der „Revierbesitzer“ ist und andere später hinzukommen. Das ist einfach zu verwirklichen: Kommen Sie einfach immer recht früh zu Terminen. Schon allein die Ortskenntnis kann Sicherheit erzeugen. Manchmal kann es sogar hilfreich sein, einen Ort, an dem man später sein soll, vorab zu besichtigen. Speziell gilt das für Orte, an denen Sie etwas Schwieriges leisten sollen, z. B. Vorträge halten oder Prüfungen ablegen. Vielleicht macht es Ihnen sogar Spaß, das Revier durch eine „Marke“ als das ihre zu kennzeichnen. Sie könnten einen Kaugummi unter die Tischplatte kleben (den Sie bitte später wieder entfernen!), heimlich einmal auf den Boden spucken oder an verborgener Stelle einen Zettel mit dem eigenen Bild/Logo ankleben.

Beispiel:
Der Bäckermeister Gerd ist ziemlich schüchtern und schätzt es daher nicht, mit seiner Lebensgefährtin neue Bekannte oder eben Bekannte der Lebensgefährtin zu besuchen. Er möchte, dass die erst einmal zu ihm in seine Wohnung (die er behalten hat, obwohl er die meiste Zeit in der Wohnung der Lebensgefährtin verbringt) eingeladen werden. Dort kann man die wirklich nach dem neuesten Designgeschmack eingerichtete Wohnung bewundern. Er kann gut Kochen auch das bringt ihm dann Anerkennung ein. Er macht das ganz richtig: in seinem Revier fühlt er sich sicher und hier kann er ein wenig Anerkennung bekommen. Bei späteren Besuchen bei den neuen Bekannten weiss er sich einer gewissen Grundanerkennung sicher und er hat sich schon an die neuen Menschen gewöhnen können.

3.2.3 Talismane und Abwehrzauber

Die Zeit ist „aufgeklärt", die Menschen aber bewahren Reste irrationalen Denkens in sich. Warum also nicht die Kraft von Talismanen und Abwehrzaubern nutzen. Viele Volksstämme fürchten den bösen (verzaubernden) Blick. Sie haben Abwehrzauber dagegen geschaffen, die in ihrer Art sogar logisch sind. Kleine Spiegel in der Kleidung werfen den „bösen Blick" auf seinen Urheber zurück, oder kleine Augenimitate fangen den bösen Blick des bedrohlichen Fremden auf. Sie wissen sicher, dass auch Tiere „Augenflecken" haben können, die den Angriff des Fressfeindes in die Irre lenken sollen.

Ganz generell hat Schmuck viele glitzernde und reflektierende Flächen. Ich glaube, insgeheim – ohne dass der Schmuckträger das weiß – wird Schmuck auch heute in unserer Gesellschaft in der Funktion des Abwehrspiegels eingesetzt. Wenn Sie sich Modeschmuck kaufen, macht es Ihnen vielleicht einmal Spaß, etwas unter dem Gesichtspunkt auszusuchen, was Sie beschützt, was böse Blicke zurückwirft.

Sie können, wenn Sie geschickt sind, so etwas selbst gestalten und beispielsweise eine kleine Perlmuttfläche ins Revers nähen. Es gibt viele Symbole von über den Menschen stehenden Mächten, die Sie nach eigener Wahl darauf zeichnen können.

Auch Talismane haben Abwehrkraft. Vielleicht schmunzeln Sie darüber, aber Sie könnten auf dem Flohmarkt die Kralle eines Wildschweins erwerben und bei sich tragen. Mut und Kraft des Tieres – so glaubten viele unserer Vorfahren – gehen dann auf den Träger über. Eine andere Rationale der Talismane geht davon aus, dass Dinge, die schon viele Gefahren, z. B. Feldschlachten, überstanden haben, Schutzkraft haben müssen. Vielleicht macht es Ihnen Freude, als Talisman eine kleine antike Bronzepfeilspitze zu tragen. Wiederum kann man solche Teile weiter gestalten, bemalen oder mit Sprüchen versehen. Bei den Talismanen geht es um das Ritual, um die symbolische Beeinflussung der eigenen Seele. Ob die Wildschweinkralle echt ist oder ob es sich um eine gemalte Löwenkralle handelt, spielt keine so große Rolle; ob die Pfeilspitze echt ist oder ob es sich um ein Fundstück handelt, das ähnlich aussieht, ist nicht so wichtig.

Christliche Amulette, die wehrhaft machen, gibt es natürlich auch: Das Kreuz selbst hilft gegen Gefahren und böse Einflüsse, z. B. wird es von Vampiren gefürchtet. Schmuckkreuze sind schöne (und sehr beliebte) Talismane.

3.2.4 Imagination

Leistungssportler können ihre Kompetenzen allein dadurch üben, dass sie sich den (perfekten) Bewegungsablauf vorstellen. In Verletzungsphasen trägt diese Art des Trainings ganz wesentlich zum Erhalt des Leistungsstandes bei. Schon allein durch die Vorstellung des Ablaufs wird diese automatisiert, gelingt dann leicht in der angestrebten Weise.

Das Prinzip kann sich natürlich jeder zu Nutze machen. Wenn Sie vor einer Aufgabe stehen, die Ihnen schwierig vorkommt (nehmen wir an die Verabredung mit einem Freund), sollten Sie sich vorstellen, wie alles optimal verläuft. Wie würde es sein, wenn Sie etwas weniger schüchtern wären?

Alle Menschen haben die Fähigkeit, lebhafte Vorstellungen zu erzeugen. Wie leicht das geht, können Sie erleben, wenn Sie sich einfach mal vorstellen, wie Sie eine Kartoffel schälen. Das ist in der Regel eine gut geübte Tätigkeit, die sich jeder sofort vorstellen kann. Bei einer schwierigen Aufgabe wie der, die Sie sich vorgenommen haben, mag die Vorstellung etwas zögerlicher anlaufen. Verwenden Sie für ihre Vorstellung Erinnerungstücke, in denen die jeweilige Handlung gut gelungen war.

Dabei gehen Sie jetzt ganz detailliert durch alle Phasen z. B. einer Verabredung: zunächst die Begrüßung, dann wird vielleicht ein Blumenstrauß übereicht, die Versorgung der Blumen, man besteigt das Auto, um zu einem Restaurant zu fahren, das Gespräch während der Autofahrt, Parken des Autos, Betreten des Restaurants, Bestellung beim Kellner etc. Die Vorstellung geht dann bis zu einem gelungenen Abschied weiter. Sie stellen sich vor, wie die Situationen aussehen, wie Sie selbst sich bewegen, wie Sie ihre Lippen bewegen, wie Sie dem Partner vielleicht in die Augen blicken und ihm zulächeln. Was im Einzelnen besprochen wird, kann man ja vorher kaum wissen. Sie können in die Vorstellung natürlich auch die Bewältigung problematischer Situationen einbauen, etwa wenn das Gespräch stockt. Vielleicht bringen Sie dann in der Vorstellung ein Thema auf, das Sie sich vorher für solche Momente bereitgelegt haben. Wichtig ist, dass in der Vorstellung ein gelungener Ablauf des Ereignisses visualisiert wird.

Wenn man bei der Imagination ganz entspannt ist, wirkt das angstlösend. Also suchen Sie einen bequemen Sessel, verwenden Sie Ruhezeiten und versetzen Sie sich zu Beginn der Vorstellung ein wenig in Entspannung. Bei der Vorstellungsübung schließen Sie am besten die Augen.

3.2.5 Ein Vorbild imaginieren

Es kann auch sehr hilfreich sein, sich aus dem Bekannten- oder Freundeskreis ein Vorbild zu suchen. Wer von ihnen würde eine Aufgabe, die Sie sich stellen, so lösen, wie Sie es gut finden und wie Sie es auch gerne machen würden. Überlegen Sie sich zuerst, wie diese Person im

Abbildung 8: Ich fand es immer bewundernswert, wie seinerzeit der Stürmer Rummenigge die ihm in den Weg gestreckten Beine rechtzeitig sah und wie er dann darüber springen konnte.

Verlauf der Aufgabe, die Sie nun bald bewältigen müssen, aussehen würde. Lassen Sie das fast wie einen Film vor Ihrem geistigen Auge ablaufen. Nun versetzen Sie sich in die Rolle der handelnden Person und versuchen, sich im Detail vorzustellen, dass Sie es genauso wie der Bekannte machen. Sie bewegen sich genauso, Sie haben die gleiche Mimik etc. Vielleicht können Sie so später etwas von Ihrem Vorbild in Ihr alltägliches Verhalten übernehmen (Abbildung 8).

3.2.6 Das Aussehen

Das Aussehen ist eine ganz zentrale Eigenschaft für den eigenen Wert. Wer gut aussieht, darf mit freundlichen und belohnenden Mitmenschen rechnen, wer weniger gut aussieht, muss sich Sorgen machen, ob er einen Partner bekommt, im Extremfall sogar, ob die anderen Menschen etwas mit ihm zu tun haben wollen. Natürlich wirkt das Aussehen auf das Selbstwertgefühl. Wer gut aussieht, kann mit sich zufrieden sein, wer weniger gut aussieht, muss seinen sozialen Tauschwert geringer ansetzen. Schüchternheit macht sich oft am Aussehen fest. Schüchterne Menschen empfinden sich als wenig attraktiv, ja gerade in der Pubertät, wenn bei manchem die Schüchternheit beginnt, sind es Probleme des Aussehens, die einen sozialen Rückzug bewirken.

Kann man das Aussehen nicht verändern? Doch, natürlich kann man das. Friseure, Kosmetika-Hersteller und Mode-Verkäufer leben von dem Wunsch der Menschen, besser auszusehen. Manchmal aber führt die Verzweiflung am eigenen Aussehen zu einer Trotzreaktion: Ich sehe sowieso nicht gut aus, denkt der oder die Betroffene, da brauche ich mir auch gar keine Mühe zu geben, mich hübsch zu machen. So führt die Sorge über das eigene Aussehen dann dazu, dass man wirklich etwas ungepflegt und abstoßend aussieht. Also: Gerade wer denkt, dass die Natur ihn nicht mit einem strahlenden Aussehen beschenkt hat, der sollte sich besonders nett schminken, anziehen und frisieren. Haben Sie die großen Schönheiten des Fernsehens einmal ungeschminkt gesehen? Einige sehen ungeschminkt immer noch toll aus; einige aber würden Sie auf der Straße bei einer Begegnung für recht unscheinbar halten.

Glücklicherweise ist Schönheit oder gutes Aussehen ja nicht nur an ein einziges Merkmal geknüpft, das man hat oder nicht hat, sondern es gibt so viele Dinge, die schön oder attraktiv sein können, dass es fast ein Ding der Unmöglichkeit zu sein scheint, dass alle diese Dinge zusammenkommen:

Beispiele:

- schöner Teint
- reine Haut
- faltenfreie Haut
- schöne Haupt-Haare (Feinheit, Fülle, Farbe)
- schöne und richtige Körperhaare
- schönes Gesicht (Augen, weißer Augenhintergrund, Pupille, Wimpern, Brauen, Nase, Mund, Ohren)
- schöne weiße Zähne, die richtig stehen
- schöner Hals
- schöne Schultern
- schöner Busen (Größe, Form/schöne, breite Brust)
- flacher Bauch/Waschbrettbauch
- schöne Hände, Nägel
- schöner Po
- schöne Figur (Größe, Proportionen, Schlankheit, muskulös)
- schöne Beine (keine O-, keine X-Beine)
- schöne Füße
- Jugendlichkeit

Alles kann einfach nicht in allen diesen Merkmalen „schön" sein. So kommt es, dass 70 Prozent aller Frauen mit ihrem Äußeren irgendwie unzufrieden sind. Dazu kommt, dass man sich im Fernsehen immer mit den zehn allerschönsten Models der Welt vergleichen muss. Dabei kommt es zu einer überstarken „Konzentration" auf die wenigen Merkmale, die wirklich oder vermeintlich nicht schön sind. Ich kannte Mädchen, die sich wegen ihrer (vermeintlich) unschönen Nase grämten und dabei gar nicht bemerkten, dass Sie insgesamt superschön waren. Konzentrieren Sie sich auf die schönen Merkmale Ihres Körpers! Auch andere werden diese schönen Merkmale registrieren und Sie deswegen begehren. Stellen Sie sich einmal vor den Spiegel und betrachten Sie alle Merkmale ihres Körpers in Ruhe. Was gefällt Ihnen an Ihrem Körper?

Hier ist eine Gelegenheit, „Autosuggestionen“ zu verwenden (vgl. S. 69 f.). Nehmen Sie die Merkmale, die schön sind, in eine Liste auf und wiederholen Sie abends innerlich einmal diese Liste (z. B. „Ich freue mich, dass ich einen schlanken Bauch habe“).

Es werden Ihnen auch Merkmale auffallen, die Ihnen weniger gefallen. Diese gehören zu uns, und wir können uns damit anfreunden. Wie würde man mit einem Freund reden, wenn er diese gleichen Körpermerkmale hätte? Versuchen Sie probeweise einmal genau so mit sich zu reden. Es ist nämlich wichtig, zum eigenen Freund zu werden. Ein guter Freund wird sich doch kaum an kleinen körperlichen Mängeln stoßen! Also, seien Sie sich ein guter Freund! Betrachten Sie sich im Spiegel und sagen Sie zu sich: „Ich akzeptiere mich, so wie ich bin“ (Cheek, 1989).

Es mag scheinen, als sei diese Maßnahme vorzugsweise für Frauen gedacht, aber auch Männer sehen sich Schönheitsforderungen ausgesetzt, wenngleich diese nicht so streng sind. Groß soll ein Mann sein, kräftig, muskulös und schlank. Wenn er all das nicht ist, wäre er in einer Stammesgesellschaft auch wenig wehrhaft und hätte Grund, zurückhaltend aufzutreten. In zivilisierten Gesellschaften kommt es auf anderes an. Für Männer ist aber die gleiche Übung nützlich. Konzentrieren Sie sich mithilfe von Autosuggestionen auf die attraktiven Merkmale Ihres Körpers!

Betrachten Sie Menschen, die von attraktiven Partner geheiratet wurden, auf der Straße: Da finden Sie viele, die in unserer Liste nur wenige Merkmale als „schön“ registrieren könnten.

Was die Schönheit anlangt, gibt es einen weit verbreiteten Irrtum, der da heißt: Es gibt die eine ideale Schönheit. Tatsächlich gibt es viele Arten von Gesichts- und Körperschönheit: Es gibt nebeneinander den schönen schlanken Asketen und den schönen Muskelmann, das schöne sexy-rundliche Mädchen und die gertenschlanke Amazone. Am leichtesten kann man dies verstehen, wenn man sich einmal einen Moment lang einen schönen typischen Franzosen, einen schönen typischen Engländer und einen schönen typischen Chinesen etc. vorstellt. Die Menschen dieser Nationalitäten sind jeweils ein etwas anderer Typ, der seine eigene Art von Schönheit hat. Die Nase des typischen Franzosen würde nicht in das Gesicht des schönen Engländers passen und umgekehrt. Dies gilt nun nicht nur für die verschiedenen Nationalitäten oder sogar weniger als z. B. für Körperbautypen: Seit Kretschmer kennt man die Leptosomen, die Athletiker und die Pykniker. Jeder Typ hat seine eigene Schönheit: der Leptosome – der vergeistigte Intellektuelle ohne allzu starken Muskelausbau, der Athlet – der muskulöse Sportler, der Pykniker – der gemütliche, gesellige Mensch. Es wäre falsch, wenn der Leptosome nach der Schönheit des Athletikers strebte und Muskelaufbau-Programme startete. Es würde auch nicht helfen; es käme gar nicht zu einer dauerhaften Muskelbildung. Und gut zu wissen: Die verschiedenen Typen könnte es gar nicht geben, wenn nicht auf der Seite der auswählenden Partner jeweils Menschen wären, die einen dieser Typen bevorzugten, wenn also nicht einige den schlanken, wenig muskulösen Leptosomen dem sportlichen Athletiker vorzögen. Leider sind diese Schönheitstypen bis heute nicht klassifiziert und beschrieben. Es gibt davon viel mehr, als die drei Körperbautypen suggerieren: Es gibt die glutäugige spanische Schönheit und die blonde nordische Schönheit, es gibt die geformte Schönheit des kleinen Busens, gleichzeitig die Schönheit des starken Busens (verschiedene Kulturen haben in der Hinsicht daher unterschiedliche Bevorzugungen entwickeln können; in Bali gilt ein kleiner Busen als „schöner“, in Amerika ein für unsere Verhältnisse sehr großer Busen). Die gerade vorherrschende Mannequin-Schönheit ist eben nur ein Schönheitstyp, der gar nicht einmal von allzu vielen Partnern bevorzugt würde. Viele Männer haben mir beispielsweise gesagt, dass sie eigentlich etwas molligere Figuren bevorzugen.

Bereits Kinder, die schüchtern sind, empfinden sich als wenig hübsch, als zu klein und unattraktiv. Hinzu kommt, dass ihr Stummsein in sozialen Situationen gern auch als mangelnde geistige Beweglichkeit interpretiert wird.

Übung: Den eigenen Schönheitstyp finden.
Wenn man die eigene Schönheit richtig einschätzen will, gilt es, den eigenen Schönheitstyp zu finden: Suchen Sie sich in der Werbung oder im Leben einen schönen Zeitgenossen, der Ihrem Schönheitstyp entspricht. Halten Sie Ausschau nach dem erfolgreichen Schauspieler, der Ihnen ähnelt oder ihren Körperbautyp hat. Wenn Sie Ihren eigenen Schönheitstyp suchen und finden können, werden Sie zufrieden mit Ihrem Aussehen sein können.

Die „body-dismorphic disorder“

Nicht ganz das Gleiche wie Schüchternheit ist die „body-dysmorphic disorder“. Betroffene Menschen fühlen sich extrem hässlich. Oft sind es einzelne Merkmale, die im Zentrum der Aufmerksamkeit stehen, vielleicht ist es die Nase, vielleicht sind es die Beine. Eine Serie von Schönheitsoperationen ist manchmal die Folge. In Wahrheit können diese Menschen gut oder zumindest ganz normal aussehen. Im Unterschied zur Schüchternheit, die ja als störende Hemmung bewusst wird, sind die Betroffenen in diesem Fall „wahnartig“ davon überzeugt, hässlich zu sein, und meiden deshalb die Gemeinschaft anderer.

Hübsch und schüchtern

Wenn schüchterne Menschen richtig hübsch sind, wissen sie selbst oft nichts davon. Sie benehmen sich nicht „selbstsicher“ und „outgoing“, wie das von ihnen erwartet würde, sondern eben schüchtern-zurückhaltend. Dies wird dann von den Sozialpartnern leicht falsch verstanden. Die glauben nämlich, der hübsche Schüchterne wolle einfach nichts mit ihnen zu tun haben, er sei arrogant und abweisend, womöglich weil er sich auf sein hübsches Äußeres etwas einbildet. Also, Achtung: Wenn andere Ihnen das Kompliment machen, attraktiv zu sein, Sie selbst aber von sich wissen, dass Sie sehr schüchtern sind, stehen Sie in der Gefahr, für abweisend und arrogant gehalten zu werden. Es kann dann nicht schaden, sich vorsorglich als „schüchtern“ zu offenbaren. Das nimmt den Partnern etwas von der Scheu, die Sie vor sehr attraktiven Menschen haben, und macht den hübschen schüchternen Menschen möglicherweise sympathischer.

3.2.7 Selbstaufmerksamkeit mindern

Bei manchen Ängsten, aber auch bei Schüchternheit, beobachtet man sich selbst intensiv – und denkt viel über sich nach, z. B. wie man auf andere wirkt, ob andere die eigenen Zeichen von Unsicherheit und Schwäche bemerken, ob man etwas Sinnvolles wird sagen können oder warum einem partout nichts einfallen will.

Dies nimmt natürlich die Gedankenkapazität ein, die nötig wäre, um selbst einen angemessenen Gesprächsbeitrag zu finden, ja, es engt die Gedanken thematisch so sehr ein, dass einem auch nichts einfallen kann, was zum Gespräch beiträgt – wenn man nicht gerade über eigene Unangemessenheitsgefühle sprechen will. Man kann sich noch nicht einmal auf die Beiträge der Gesprächspartner konzentrieren. So kann es zu etwas dummen Äußerungen kommen, die nun wieder die Scham, die Unangemessenheitsgefühle und natürlich auch die Selbstaufmerksamkeit erhöhen.

Wie schön wäre es, den Kopf frei von solchen Selbstzweifeln zu haben! Aber kann man einfach gar nichts denken?

Um die eigenen Gedanken zu stoppen, könnte man ein Mantra aufsagen (s. u.) oder innerlich zählen. Das allerdings würde die Gedanken auch einnehmen und die Flexibilität in einem Gespräch verringern. Immerhin ist das schon mal besser, als in negativen Gedanken über sich selbst gefangen zu sein.

Noch besser ist es, wenn man sich mit interessanten Aufgaben ablenken kann. Es ist immer gut, Information über die Sozialpartner aufzunehmen. Statt über sich zu grübeln, könnten Sie einmal bewusst überprüfen, wie jeder Partner ihrer Gesprächsrunde angezogen ist. Was will mein Gegenüber mit seinem „styling" aussagen? Ist er besonders natürlich, ist er korrekt oder gar erotischen Abenteuern gegenüber aufgeschlossen? Will er sich als originell oder als unaufdringlich-vornehm darstellen? Welche Rolle wird von ihm bewusst oder unbewusst inszeniert?

Wenn die Aufgabe, die man sich selbst stellt, gleichzeitig genaues Zuhören erfordert, ist es umso besser. Man kann sich nun auch leicht am Gespräch beteiligen. Analysieren Sie, warum die Gesprächspartner was und wann reden: Wollen Sie sich selbst gut darstellen, wollen Sie anderen durch Witzigkeit eine Freude machen, wollen Sie Informationen bekommen? Unterstützt die Stimmlage die Botschaft, ist der Ton schmeichelnd oder dominant, wie ist die Wortwahl? Vielleicht will der Sprecher durch elegante Formulierungen Eindruck machen? Können Sie Lieblingsthemen entdecken? Können Sie herausfinden, in welcher Region Deutschlands Ihr Gegenüber geboren ist, spricht er deutlich oder ein wenig in der Art eines Dialekts? Richten Sie Ihre Aufmerksamkeit so durch kleine selbst gestellte Aufgaben auf Ihren/Ihre Partner – und Sie haben gar keine Zeit mehr, sich allzu sehr mit sich selbst zu beschäftigen.

3.2.8 Überhaupt: Mit sich selber sprechen

Oft ohne es zu bemerken, spricht man innerlich mit sich. Manchmal nicht mit ganzen Sätzen, vielleicht nur mit kommentierenden Adjektiven: „prima“ oder „Mist, blöd gelaufen“ etc. Dabei übernimmt man oft noch aus der Kindheit die Rolle der tadelnden Erzieher. Wenn man sich selbst schon vorauseilend tadelt, kann man dem Tadel der Eltern zuvorkommen. So gewöhnen sich die meisten Menschen an, ausgesprochen negativ mit sich zu sprechen (z. B. „Musst du immer so ungeschickt sein“ etc.). Speziell schüchterne Menschen, die ja häufig unglücklich mit den eigenen Hemmungen sind und oft genug den Anforderungen der Eltern nicht genügen konnten, haben sich angewöhnt, innerlich Kritik zu üben.

Die Konsequenz ist, dass man sich mies fühlt. Aus der Erziehungspsychologie weiß man, dass Lob viel mehr bewirkt als Tadel. Also muss innere Kritik gestoppt werden. Wenn Sie sich bei innerer Selbstkritik ertappen, kneifen Sie sich leicht in den Arm und sagen innerlich leise: „Ich halte zu mir und verzeihe mir meine Schwächen.“ Stattdessen versuchen Sie, sich auch einmal zu loben, wenn Ihnen etwas gelungen ist. Wichtig dabei ist, sich nicht erst zu loben, wenn eine schwierige Sache vollständig gelungen ist, sondern einfach schon dann, wenn etwas ein wenig besser gelungen ist, als Sie gedacht hatten. Bei einer Partyeinladung z. B. könnten Sie sich folgendermaßen loben: „Prima, ich habe es doch etwas netter finden können als befürchtet“ oder „Super gemacht, ich haben einmal eine fremde Person angesprochen“. Suchen Sie nach Leistungen, die Sie an sich loben können (so wie Sie in der Übung „Komplimente machen“ (s. u.) bei Mitmenschen nach Leistungen suchen, die Sie loben können).

Aus einem inneren Kritiker soll ein wohlwollender Freund werden. Wie würden Sie andere beurteilen, die schüchtern-gehemmt nicht an einem Gespräch teilnehmen? Die würden Sie ja sicher nicht als „dumm“ ansehen; also gehen Sie auch mit sich selber wohlwollender um. Eigentlich sollte man ja sich selbst gegenüber sogar ein wenig toleranter sein können als anderen gegenüber. (Man muss ja sein ganzes Leben mit sich auskommen.) Sich selber Freund zu sein, heißt übrigens auch, gut mit dem eigenen Körper umgehen, dem Körper alles geben, was er zu seiner Gesundheit braucht – und ihm die Chance geben, gut auszusehen.

3.2.9 Böse Redensarten

In der Erziehung hört man häufig wiederkehrende abwertende Redensarten, zum Beispiel „Dummheit und Stolz wachsen auf einem Holz" oder „mal wieder zwei linke Hände gehabt" oder „dumm geboren und nichts dazugelernt". Dies sind Beispiele für negative Formeln, die – immer und immer wieder gehört – am Selbstwertgefühl nagen und sich unbemerkt in das eigene Selbstbild hineinschmuggeln. Zunächst müssen diese „dummen Sprüche" identifiziert werden. Versuchen Sie sich zu erinnern und schreiben Sie die Redensarten, die Sie häufig hören mussten, in ihr Schüchternheitstagebuch. Und dann kommt wieder eine Aufgabe, die sich an Ihre Kreativität wendet: Weil solche Redensarten ja bloß Worte sind, die keine „innere Wahrheit" haben, verwandeln Sie sie einfach so, dass sie eine positive Bedeutung bekommen. Nehmen wir allein die drei oben erwähnten Sprüche, die nun so klingen: „Klugheit und ein wenig Stolz wachsen auf einem Holz", „schön, mal wieder zwei rechte Hände gehabt" und „begabt geboren und viel dazugelernt". Wiederholen Sie die Verwandlungen innerlich einige Male vor dem Zubettgehen. Durch dieses „Verspotten" verlieren die Redensarten einiges von ihrer Kraft.

3.2.10 Hilfreiche Autosuggestionen

Eine Standartmethode der Selbsthilfe sind die Autosuggestionen. Damit sind Sätze gemeint, die man innerlich zu sich spricht. Suggestionen sind Feststellungen oder genauer: Aufforderungen, die einen Zustand befehlen, den man erreichen möchte. Zum Beispiel könnte es im Fall der Schüchternheit die Feststellung sein: „Ich fühle mich mit anderen zusammen ganz wohl, bin frei und ungehemmt." So stimmt das im Moment zwar nicht, aber es scheint so zu sein, dass solche Sätze ihre Wahrheit hinter sich herziehen. Oft genug und unter den richtigen Bedingungen innerlich zu sich gesagt, führt die (Auto-)Suggestion dazu, dass man sich wirklich in Gruppen etwas besser fühlt. Warum das so ist, ist nicht ganz klar; es scheint sich um eine Art (Selbst-)Hypnose zu handeln. Dem Unbewussten wird etwas „befohlen“, und das Unbewusste findet seine Wege, den Befehl umzusetzen.

Diese Kommunikation mit dem eigenen Unbewussten gelingt aber nur unter zwei Bedingungen: 1. Man ist ruhig und entspannt (vgl. Abschnitt zum Entspannungstraining, S. 95 f.), und 2. die Suggestion ist einfach und positiv formuliert, so dass tiefere, bildhafte Schichten des Denkens sie verstehen können. Positiv formuliert heißt, dass keine Verneinung vorkommt. Noch genauer gesagt: Die Formulierung soll so sein, dass sie den wünschenswerten Zustand beschreibt, so dass die bildhaften Schichten des Denkens die richtige Vorstellung erzeugen. Die Suggestion „Ich habe keine Angst“ würde nur das Bild von Angst erzeugen (Verneinung gibt es in der Bildvorstellung eben nicht), und also würde nun nur ein Bild von „Angst“ auftauchen. Dagegen die Suggestion „Ich fühle mich sicher und mutig“ ruft das wünschenswerte innere Bild und damit auf die Dauer auch den wünschenswerten inneren Zustand hervor. Wenn Sie also diese beiden Regeln berücksichtigen, können Sie die eigenen Befehle konstruieren, die Sie ihrem Unbewussten geben wollen.

Hier sind einige Autosuggestionen angegeben, die in der Regel für die Bewältigung von Schüchternheit angemessen sind.

„Ich spreche laut und deutlich“
„Ich schaue den Gesprächspartnern ins Auge“
„Ich stehe aufrecht und gerade“
„Ich trete nahe an meinen Gesprächspartner heran“
„Ich bin stark und geschickt“
„Ich bin überrascht, wie leicht mir eine Antwort einfällt“
„Ich fühle mich mit anderen zusammen wohl“
„Andere Menschen mögen mich“
„Ich kann mich darauf verlassen, dass mir etwas einfällt“
„Im Kontakt mit dem anderen Geschlecht bin ich mutig und erfindungsreich“
„Die Schüchternheit gibt mir Energie, dafür danke ich ihr“
„Ich mag mich selbst“
„Ich kann mir Fehler verzeihen“

Diese und andere Befehle/Autosuggestionen (wenn Sie ihnen geeignet vorkommen) sollten Sie sich – im entspannten Zustand – innerlich leise vorsprechen. Vielleicht ist abends vor dem Zubettgehen regelmäßig Gelegenheit dafür. Vielleicht wollen Sie die Suggestionen mit der richtigen Betonung auf ein Band sprechen, das Sie sich in einer Endlosschleife zusammen mit einer Meditationsmusik anhören.

3.2.11 Die eigene Fitness erhöhen

Wenn Schüchternheit durch die überwältigende Erfahrung von Schwäche zu Stande kommt, ist es auf jeden Fall nützlich, die eigene körperliche Fitness, die körperliche Gewandtheit zu verbessern. Schon die Geschichte von David und Goliath belegt, dass auch ein Schwächerer siegen kann. Es kommt also nicht drauf an, zu einem Muskelmann, einer Muskelfrau zu werden. Es kommt darauf an, sich selbst als beweglich und handlungsfähig wahrzunehmen. Das wird am besten durch ein wenig Sport erreicht. Eine Gymnastikgruppe wäre auch gleichzeitig wieder soziales Übungsfeld: Können Sie zu einem Nachbarn auf der Turnmatte etwas Freundliches sagen?

Wenn Ihnen das noch zu schwer vorkommt, gibt es viele Arten, die eigene Bewegungsfähigkeit etwas zu erhöhen – was gleichzeitig auch zu mehr Erlebnis führen könnte. Wenn man mit dem Fahrrad zur Arbeitsstelle oder zum Einkaufen fährt, sieht man auf dem Weg vielerlei; man kann anhalten, um Geschäfte zu besichtigen, in Vorgärten zu blicken oder einem spielenden Hund zuzuschauen. Wer ab und zu schwimmt oder dauerläuft, bewegt sich in der Welt und erlebt etwas. Lange Wanderungen und Walking machen vielleicht nur in der Gemeinschaft Spaß. Alleine lassen Sie möglicherweise das „Allein-Sein“ vordringlich werden und könnten sich negativ auf die Stimmung auswirken.

Es gibt auch Anleitungen für Übungen, die man zu Hause machen kann. Muskeltraining (Expander oder Anheben der Beine im Sitzen) strafft die Muskeln und verbessert die Figur. So kann man sich im sozialen Kontext wieder etwas wohler fühlen. Die Kraft wird aber durch Muskeltraining auf jeden Fall ganz erheblich erhöht. Fit und beweglich sein, wird zur Metapher für Beweglichkeit im sozialen Umfeld. Auch dort gibt es das: „sozial fit und beweglich sein“.

3.3 Überprüfen: Ist meine Umgebung wirklich angriffslustig?

In der Kindergruppe gibt es tatsächlich körperliche Übergriffe. Ein Kleinkind schubst das ältere vom begehrten Spielzeug weg. Jungenbanden raufen auf dem Schulhof. (Es ist allerdings keineswegs das rauflustigste Kind, das bei anderen am beliebtesten ist und in der Kindergruppe den höchsten Rang einnimmt.) Im Erwachsenenalter kommt es nicht mehr zu solchen Übergriffen. Die Annäherung an das andere Geschlecht führt nicht zu sofortigen körperlichen Angriffen eines ranghohen Gruppenmitgliedes. Lautes Sprechen vor der Gruppe wird ja nicht mit körperlicher Aggression beantwortet: Die Vorstellung, ein Zuhörer einer kleinen Präsentation, die Sie halten, beträte das Podium, um sie zu schlagen und zu beißen, ist eher etwas lustig.

Sie können die Befürchtungen, im sozialen Kontext angegriffen zu werden, mit anderen Befürchtungen vergleichen, die in unserer Wirklichkeit irrational sind. Einige Menschen haben ständig Angst vor Schlangen, sie trauen sich kaum, in Sandalen herumzulaufen – obwohl die Wahrscheinlichkeit, in unseren Breiten auf eine Giftschlange zu treten, sehr gering ist.

Genauso beruht die Hemmung gegenüber anderen Menschen auf irrationalen, übertriebenen Befürchtungen. Was kann denn im Extremfall passieren? Sie sprechen z. B. ein Mädchen an. Sie kann sich abrupt abwenden, sie kann sagen „Ich habe schon einen Partner". Wenn sie grob unhöflich ist, wirft sie Ihnen vielleicht ein „Mach dich vom Acker, du Flasche" an den Kopf. Aber ist das unerträglich für Sie? Führt das wirklich zu einer „Beschädigung"? Oder können Sie das an sich abtropfen lassen? So ein Erlebnis könnte natürlich Folgen für Ihr Selbstgefühl haben. Dagegen lässt sich aber etwas tun (s. u.). Was könnte im Extremfall passieren, wenn Sie eine kleine Rede halten? Teilnehmer könnten den Saal verlassen. Es könnte sich jemand melden und eine abweichende Meinung äußern. Es könnte jemand mit witzigen Bemerkungen stören; ja, sie könnten sich vor anderen blamieren. Aber beschädigt Sie das ernsthaft? Oder könnten Sie solche Ereignisse auch einfach an sich vorbeiziehen lassen?

Was ist das Schlimmste, das auf einer Party passieren kann? Sie können allein in der Ecke stehen, und keiner beachtet Sie. Vielleicht noch schlimmer: Sie sagen zur Begrüßung etwas Ungeschicktes, und die Umstehenden lachen über Sie. Würde Sie das wirklich beschädigen? Oder könnten Sie auch das an sich abtropfen lassen?

Ich kann mir denken, was der eine oder die andere beim Lesen dieser Zeilen denkt: „Ja, das alles wäre furchtbar, und ich würde mich nicht wieder unter diese Menschen trauen.“ Dabei setzen Sie voraus, dass die anderen sich an ihre Blamage erinnern. In Wirklichkeit ist jeder ziemlich auf sich konzentriert. Der kleine Vorfall ist verstrichen und vergessen. Und wenn er im Ausnahmefall nicht vergessen ist, dann sollten Sie bedenken, dass Sie in Wirklichkeit – in diesem kritischen Ausnahmefall – dem Rest der Gruppe sogar einen Gefallen getan haben. Jeder hatte ein wenig Angst, „aufzufallen“ – Ihnen ist es passiert, und so haben Sie dem Rest geholfen, normal und unauffällig zu bleiben. Das macht Sie doch eher sympathisch! Auf jeden Fall muss niemand Angst vor Ihnen haben, man kann sich in Ihrer Nähe wohl fühlen, gerade weil Ihnen auch einmal ein kleines Missgeschick passiert.

Auf jeden Fall ist es so: Das, was uns der Instinkt signalisiert, nämlich Kampf, Verletzung und körperliche Niederlage, ist eben nicht wirklich passiert. Das Schlimmste, was wirklich passieren kann, ist eine Blamage.

Wie viele Blamagen haben wir in der Kindheit ertragen müssen und gut abgeschüttelt? Immer mal wieder in die Hose zu machen, ist schon blamabel genug. Beim Laufen Lernen immer wieder hinzufallen, die falschen Worte zu gebrauchen – all das ist passiert, und nicht selten haben die Erwachsenen über uns gelacht. Das Kind meistert solche Blamagen wie ein Stehaufmännchen. So oft es hinfällt, steht es auch wieder auf. Diese Kraft jedes Kindes, die gewiss auch noch in Ihnen steckt, soll durch diese Textpassage wieder aufgeweckt werden.

Exkurs: „worst case“ und Humor

Die folgende ausgearbeitete Vorstellung, was im schlimmsten Fall (worst case) passieren könnte, ist absurd, sogar ein wenig lustig. Das können Sie nutzen. Wenn man ängstlich ist, fällt einem das Lachen schwer; wenn man lachen kann, hat man wahrscheinlich keine sehr starke Angst. Nutzen Sie also Ihre Vorstellungskraft für lustige Szenarien, die Sie vor schwierigen Situationen abrufen, um sich in eine fröhliche Stimmung zu versetzen (Stichwort: Galgenhumor). Stellen Sie sich Ihre Schwierigkeiten extrem stark vor:

Beispiel:
Sie gehen zu einer Party, aber Sie sind ein stummer Fisch. Bei der Begrüßung halten Sie sich die Hand vor den Mund und geben keine Antwort. Dann laufen Sie schnell wortlos zur Toilette und lassen da auch auf Bitten und Betteln keinen mehr herein. In der Toilette setzen Sie sich einen Kopfhörer auf und hören Musik, damit Sie von der Party nichts mitkriegen müssen. Erst wenn alle Gäste weg sind, kommen Sie wieder aus der Toilette heraus und verschwinden wortlos mit der Hand vor dem Gesicht. Das mitgebrachte Geschenk werfen Sie mit Schwung hinter sich in die Gastgeber-Wohnung.

Oder stellen Sie sich vor, wie Sie alles „versieben“, wenn Sie zum ersten Mal eine Verabredung haben:

Beispiel:
Erst greifen Sie an der ausgestreckten Hand vorbei, dann finden Sie vor lauter Hemmungen nicht den richtigen Namen und sagen „Hiltrud“ zu Doris. Beim Essen beschlabbern Sie sich und stoßen ungeschickt ein Glas um, so dass der Rotwein auf die neue Kleidung der Partnerin tropft. Beim Abtrocknen fassen Sie ungeschickt an den Unterleib der Beschlabberten, und schließlich sitzen Sie sich stumm gegenüber. Mit einem „Das war's dann und auf Nimmer-Wiedersehen“ bricht Ihr Gegenüber das Essen ab und lässt Sie sitzen.

Im wirklichen Leben ist es hinterher sicher deutlich besser geworden als der „worst case“, aber Sie hatten dank Ihrer lächerlichen Katastrophen-Vorstellung keine übertriebenen Erwartungen an sich, die Sie unter Druck setzten.

3.3.1 Blamagen beobachten

Wenn man peinlich darauf achtet, sich nicht zu blamieren, achtet man gar nicht mehr auf die anderen Menschen. Wenn Sie aber einschätzen wollen, wie häufig blamable Situationen auftreten, müssen Sie den Blick einmal auf ihre Mitmenschen richten. Stellen Sie sich zur Aufgabe, bei einer Party zu beobachten, ob andere in blamable Situationen geraten. Was sind das für Situationen? Wie hätten Sie sich gefühlt, wenn Ihnen das gleiche Missgeschick passiert wäre? Wie gehen die anderen mit der misslichen Lage um? Sicher sieht es fast immer so aus, als mache den anderen die peinliche Situation gar nichts aus, und die Gemeinschaft geht sofort darüber hinweg, als sei nichts passiert. So würde es aber auch Ihnen gehen, wenn Sie die Blamage nur schnell genug wegstecken könnten.

3.3.2 Blamagen abtropfen lassen

Hier folgt eine kunsttherapeutische Übung, die Ihnen helfen soll, Blamagen schnell zu überwinden. Blamagen dürfen nicht zu Ihrem Inneren, dem Körperkern, vordringen, nicht im Gedächtnis eingeschrieben werden. Sie müssen daher eine „dicke Haut" entwickeln. Dies soll durch eine visuelle Vorstellung erleichtert werden. Konstruieren Sie in Ihrer Vorstellung eine Schutzhülle oder Schutzhaut, an der Blamagen abtropfen. Nach dem Abtropfen liegt die Blamage am Boden, ist nur noch eine kleine Pfütze, die bald verdunstet ist. Niemand kann sich später an die Pfütze erinnern (Abbildung 9). Blamagen können Sie nicht beschädigen, sie gleiten an Ihnen ab und verschwinden spurlos!

Wenn Sie Lust haben, malen Sie das Bild von der Schutzhülle, damit es sich noch besser einprägt. Und bevor Sie eine schwierige Aufgabe bewältigen, denken Sie an Ihre Blamagen-abweisende Schutzhülle.

Blamagen und Kritik abgleiten zu lassen, ist übrigens eine Stärke. Wer erfolgreich sein will, darf sich nicht durch Kritik oder Lächerlichkeit von seinem Weg ablenken lassen. Bedenken Sie, wie unsere demokratischen Politiker ständig von einer Horde übelwollender Humoristen verfolgt wird. Die kleinste Schwäche wird ausgenutzt. Das gelegentliche Stolpern des eleganten Redners Edmund Stoiber wird ins Unermessliche

Abbildung 9: Diese Bildvorstellung soll dabei helfen, Blamagen abtropfen zu lassen.

vergrößert. Das etwas hämisch wirkende Lachen von Kanzler Gerhard Schröder wird von einem Imitator scherzhaft gegen den Wähler gewendet. Ministerpräsident Manfred Stolpe muss damit leben, dass er wegen seiner Stasi-Vergangenheit monatelang in der Presse beschimpft und beschuldigt wird. Diese Menschen sind starke Menschen. Die lassen das an sich abtropfen, die haben eine gut funktionierende Schutzhülle gegen Blamagen. Suchen Sie sich im öffentlichen Leben ein Vorbild für den Umgang mit Häme und Beschimpfungen.

3.3.3 Sich durchsetzen lernen

Die Übungen zum Durchsetzen, die ich in anderen Texten gefunden habe, gefallen mir oft nicht: Die Leser werden aufgefordert, nur zu Übungszwecken andere Menschen schlecht oder nachlässig zu behandeln, z. B. in ein Geschäft zu gehen mit der Absicht, sich eine Stunde bedienen zu lassen, um dann nichts zu kaufen. Sich durchsetzen soll aber ja nicht in soziale Gemeinheit münden.

Andererseits müssen die Autoren der Texte, die sich aus Therapiemanualen entwickelt haben, Übungsfelder suchen, die willkürlich geschaffen werden können, denn wann kommt im Leben schon eine Durchsetzungssituation vor, auf die man sich gedanklich vorbereiten kann? Eine natürlich entstandene Durchsetzungssituation ist schnell vorbei, man hat vielleicht spontan und unüberlegt nachgegeben. Die nächste Situation kommt erst in Wochen oder Monaten. Dagegen hat das Selbsthilfeprogramm Vorteile. Es ist nicht darauf angewiesen, dass die Durchsetzungssituation zwischen den wenigen Therapiestunden, in denen ein Übungsprogramm abläuft, auch wirklich zu Stande kommt. Also verzichten wir hier auf das Aufsuchen künstlicher Durchsetzungssituationen und überlegen lieber, wie Sie sich in natürlichen Durchsetzungssituationen verbessern können.

Der erste Teil der Übung besteht darin, dass Sie sich in sozialen Situationen fragen, was Sie eigentlich wollen. Wie kann man das zur Gewohnheit machen? Vielleicht indem Sie sich immer, wenn Sie eine Person an einem Tag zum ersten Mal sehen, fragen: „Was will dieser Mensch vermutlich von mir?“ Und was möchte ich aber mit diesem Menschen machen? Damit Sie sich das zur Gewohnheit machen können, schreiben Sie an einem Tag der Woche bitte in ihr Durchsetzungsbuch, wen Sie getroffen haben, was dieser Jemand vermutlich wollte, was Sie selbst wollten und was dann passiert ist. So kommt es langsam dazu, dass Sie immer *wissen,* was Sie in einer Situation selbst wollen.

Das heißt nun aber noch lange nicht, dass Ihr Wille Berücksichtigung findet. Vielleicht ahnen die Sozialpartner ja gar nicht, was Sie wollen. Der erste und einfachste Schritt wäre, mal zu *sagen*, was Sie wollen. Das muss noch gar keine Konsequenzen haben. Sie sagen einfach, was Sie wollen, und beobachten nun, was passiert (ins Veränderungs-Buch schreiben!). Richtet man sich danach, was Sie gesagt haben, oder übergeht man ihre Wünsche? Ich vermute, dass man in einer großen Zahl der Fälle so tut, als hätte man nichts gehört. Man weiß ja, dass Sie sich nicht durchsetzen, und da haben Sie ihre Rolle erst einmal weg.

Wie man in den Wald ruft, so schallt es zurück. Wer seine Wünsche genervt und ärgerlich äußert, wird leicht genervte und ärgerliche Reaktionen erfahren. Also versuchen Sie, Ihre Meinung und Wünsche ganz ruhig und freundlich mitzuteilen.

Der nächste Schritt wäre, dass Sie *nicht mitmachen*, was andere wollen. Sie sagen zum Beispiel: „Ich fahre nicht mit, ich habe etwas anderes vor“, „Ich möchte jetzt nicht mit Dir Kaffe trinken gehen, ich muss in der Bibliothek noch ein Buch suchen“ etc. Überlegen Sie sich eventuell vorher plausible Alternativaktivitäten. Das ist relativ einfach. Nun wird zwar nicht unbedingt gemacht, was Sie wollen, aber Sie müssen auch nicht mitmachen, was andere wollen. Wieder ist es ein wichtiger Teil der Übung, ganz ruhig und freundlich zu sagen, dass man etwas nicht mitmachen will.

Am schwersten ist es natürlich zu erreichen, dass gemacht wird, was Sie selber möchten. Das kann und soll naturgemäß nicht immer so sein. Das soziale Leben muss in einem Ausgleich aller Interessen bestehen. Aber manchmal müsste eben gerechterweise auch das gemacht werden, was Sie wollen. Das kann man z. B. durch *Verhandlungen* erreichen. Wenn gemacht werden soll, was der andere will, muss aber im Tausch später einmal gemacht werden, was Sie wollen. Beispiele: „Wenn wir heute Filet essen, will ich aber morgen einmal vegetarisch kochen“, „Wenn wir heute schnellen Sex haben, möchte ich, dass es morgen einmal zärtlich wird“. Wenn der Partner sich nicht auf solche Verhandlungen einlassen will, dann machen Sie seine Wünsche eben auch nicht mit (Schritt 3). Zum Beispiel in Partnerschaftstherapien kommt es darauf an, das richtige Verhandeln zu lernen.

In Durchsetzungssituationen steht Interesse gegen Interesse. Man kann erwarten, dass es zu Aufregungen, Geschrei und Aggressionen kommt. Das ist es ja gerade, was der Schüchterne und dabei oft durchsetzungsschwache Mensch fürchtet. In einer Streitsituation ist es also schwer, zu verhandeln. Suchen Sie sich eine entspannte und friedliche Situation aus, in der Sie einen Verhandlungsvorschlag machen.

Nehmen wir eine typische Durchsetzungssituation: Sie wollen etwas umtauschen. Wie passen unsere Ratschläge dazu? Zunächst ist wichtig, dass Sie einfach wissen, was Sie selber wollen: Sie wollen das nicht behalten. Also zweiter Schritt: ins Geschäft gehen und freundlich sagen: „Ich will es umtauschen.“ Vielleicht zeigen Sie dabei ein bisschen Verständnis für die zusätzliche Mühe, die Sie dem Verkäufer machen. Möglicherweise versucht der Verkäufer, Ihren Wunsch abzuweisen. Also müssen Sie verhandeln, etwas anbieten, vielleicht sogar darauf hinweisen, dass Sie sich an die Verbraucherberatung wenden, wenn es nicht umgetauscht wird (das ist schon etwas schwerer). Natürlich würden Sie das wieder ganz höflich sagen.

Bei allem wissen Sie ja genau, dass es zwischen Erwachsenen in solchen Situationen nicht zu Tätlichkeiten kommt. Je höflicher Sie ihren Wunsch äußern, desto höflicher wird man auch mit Ihnen umgehen. Es kann dann sogar sein, dass sich aus der Durchsetzungssituation eine nette soziale Begegnung entwickelt.

Manche Durchsetzung ist richtig schwer oder sogar unmöglich. Vielleicht ist Ihr reservierter Platz im Zuge besetzt, und ein richtiger „sozialer Kotzbrocken“ will nicht aufstehen. Vielleicht hilft Ihnen auch der Schaffner nicht (wie ich es erlebt habe). Was dann? Die Polizei kann man nicht rufen, und auf Tätlichkeiten will man sich ja wohl kaum einlassen. Tja, manchmal gibt der Klügere einfach nach.

Bei der Kompetenz im Durchsetzen gilt, wie in vielen anderen Punkten dieses Textes: Man muss sich vornehmen, es zu üben. Das haben Sie ja mit dem Erwerb oder mit dem Lesen dieses Buches bereits getan. Erst mit viel Übung wird man richtig gut. Nehmen Sie sich vor, etwa einmal in der Woche die Schritte der Durchsetzung an einem speziellen Beispiel zu verwirklichen!

3.4 Geschickt schwach sein

Schüchternheit ist begleitet vom Gefühl der eigenen Schwäche. Warum sollte man also nicht überlegen, wie man geschickt schwach ist? Das heißt genau: Wie geht man geschickt mit Starken und Mächtigen um? Wenn man sie besänftigen kann, muss man nicht mit ihnen kämpfen (a). Vielleicht kann man sich mit ihrer Macht verbünden. Wenn man mit Starken kämpfen muss, ist man besser listig – wie seinerzeit David gegen Goliath (b). Wenn man sich schon mit anderen nicht so wohl fühlt, könnte man das doch zur Entwicklung von Leistungen nutzen, die man nur allein erbringen kann (c). Schließlich erfahren Sie etwas über eine Möglichkeit, Ihre Schüchternheit zu überlisten (d).

Jeder, auch der Stärkste, befindet sich manchmal in sozialen Konstellationen, in denen es darauf ankommt, geschickt die schwächere Rolle auszuführen. Gegenüber dem Chef ist es unangemessen, laut mit einem Thema zu beginnen und lang anhaltend zu sprechen. Daher ist es wichtig – ganz unabhängig davon, wie „stark“ man wirklich ist – zu lernen, erfolgreich schwach zu sein!

3.4.1 Zum Essen einladen, Geschenke machen

Nichts macht ein Ungetüm von Hund schneller freundlich als ein Stück Wurst. Man weiß auch bei Konflikten unter Menschen: Gemeinsames Essen befriedet die Verhandlungsparteien. Nicht zuletzt deswegen wird bei Staatsempfängen umfangreich gespeist. Essen zu teilen ist ein ganz grundlegender sozialer Vorgang, den sich der Schwächere zu Nutze machen kann. Er bietet zur Befriedung des Stärkeren Essen (und Trinken) an. Das kann ein Schokoriegel sein, ein Kuchen, den man zu seinem Geburtstag mitbringt, eine Flasche Sekt zu einem gelungenen Abschluss. Sie können eine Schale Erdnüsse aufstellen, aus der sich alle bedienen können. Es geht natürlich nicht darum, teure oder ausgefeilte Speisen zu beschaffen oder regelmäßig den Hunger von Bekannten und Freunden zu stillen. Wenn man derjenige ist, der immer etwas mitbringen muss, während andere das nie tun, ist das eher ein Zeichen der Schwäche. Es geht vielmehr um eine gelegentliche Geste.

Wenn Sie Spaß daran haben, machen Sie doch einfach mal ein Essen für ein paar Gäste. Kochen ist eine Tätigkeit, in die es sich lohnt, Mühe und Kreativität zu investieren. Sie werden sich viel sicherer fühlen, wenn Sie Ihren Gästen mit einem leckeren Essen eine Freude gemacht haben. Die Gäste werden Ihnen wiederum viel wohlwollender gegenübertreten, wenn Sie gut gegessen haben. Auf Partys und Einladungen wird oft Essen gereicht. Der Sinn ist der beschriebene. Man will Aggression mindern, Zusammenhalt herstellen. Daher (seien Sie nicht zurückhaltend) essen Sie die angebotenen Speisen! Der Gastgeber wird daran die Annahme seines Friedensangebotes erkennen.

Den mächtigen Herrschern macht man Geschenke, um sie wohlgesonnen zu stimmen. Wenn Sie die Menschen um sie herum als mächtig und überlegen empfinden, fühlen Sie sich besser, wenn Sie die Stimmung dieser Personen manchmal mit Geschenken beeinflussen. Allerdings ist Vorsicht geboten: Wer sich das Wohlwollen anderer mit Geschenken erkaufen muss, manövriert sich bald in eine Bringschuld. Vielleicht warten Sie geeignete Gelegenheiten ab: Sie könnten herausfinden, wann die betreffenden Personen Geburtstag haben, um dann ein kleines (!) Geschenk zu machen. Solche Stimmungsgeschenke dürfen nicht wertvoll sein, das würde als „Kaufen“ der Gunst des Beschenkten interpretiert. Vielmehr sollte es sich um Gesten handeln wie eine Blume, einen Strauß frischer Frühlingsblätter oder Tannengrün aus Ihrem Garten, einen schönen Stein, den Sie am Flussbett gefunden haben, vielleicht einen originellen Kugelschreiber. Es geht nur um den Akt des Schenkens, der signalisiert: Ich erkenne dich an, ich bemühe mich um deine Gunst. Mit der Zeit werden Sie bemerken, dass Schenken Freude macht und natürlich, dass man beim Schenken Kreativität entfalten kann. Zudem lernt man etwas über den Partner. Man muss ihn wohlwollend beobachten, um zu wissen, welches kleine Geschenk ihm eine Freude machen würde.

Ein kleines Geschenk ist auch zur Anbahnung von Kontakten zum anderen Geschlecht gut. So kann man Interesse signalisieren, ohne sich lang erklären zu müssen. Man stimmt den Partner freundlich. Auch in dieser Situation sind kleine Geschenke besser als wertvolle: Sie wollen den anderen ja nicht mit Geschenken zu etwas zwingen. Und wiederum ergibt sich eine Gelegenheit, kreativ zu sein. Ein Gedicht wird auch die emanzipierte Frau romantisch finden, eine selbst zusammengestellte Kassette oder CD den Musikfan erfreuen. Oder Sie verschenken die Bilder, die Sie auf einer Feier fotografiert haben, an die Personen, die Sie kennen oder kennen lernen wollen. Geben Sie Ihr/Ihm einen selbst gestalteten Glücksbringer mit, wenn er auf Reisen geht oder Examen macht oder einen Wettkampf bestreitet. Verschenken Sie auf dem Computer gestaltete Visitenkarten. Dem Einfallsreichtum sind keine Grenzen gesetzt.

3.4.2 Listig sein

Das Listigsein ist ein weites Feld. Dazu kommt, dass es in Europa – wenigstens in der öffentlichen Moral – gar nicht so besonders angesehen ist, listig zu sein. Man gerät schnell in den Verdacht, falsch oder heimtückisch zu sein. So gibt es zwar in China eine ausgefeilte Tradition der Listigkeiten, nicht aber in Europa, obwohl doch Odysseus, der listenreiche Seefahrer, an der Wiege der europäischen Kultur steht. Versuchen wir, dort anzuknüpfen.

Nehmen wir an, ein noch-schüchterner Mitmensch wird in seiner Firma gemobbt. Eine offene Auseinandersetzung mit der Arbeitsgruppe würde er – schon allein der Redehemmung wegen – kaum bewältigen. Eine offene Konfrontation würde übrigens auch kaum etwas helfen. Aber vielleicht könnte er eine List anwenden. Hier werden zwei Beispiele gegeben:

a) Die folgende List funktioniert nach dem Strategieprinzip „Der Stoß ist der Zug". Dieses Strategieprinzip stammt aus dem Schwertkampf (Zen). Damit ist gemeint, dass man an der Hand zieht, die mit einem Stoß angreift, so dass der Angreifer durch seine eigene Wucht zu Fall kommt. Beim Fußball sieht man das Prinzip oft angewendet: Der gefoulte Spieler fällt beim kleinsten Stoß demonstrativ hin, um den Schiedsrichter auf das Foul aufmerksam zu machen. Die gemobbte Person nun versucht, den Angriff des Mobbings so umzuleiten, dass er sich gegen eine mächtige Person der Gruppe richtet. Er erwähnt manchmal – gegenüber einzelnen oder Gruppen –, dass sich die Feindseligkeiten eigentlich gegen den Chef xy richten, der das Projekt der Gruppe leitet. Oder dass es sich eigentlich gegen eine angesehene und mächtige Person der Gruppe richtet, die ein Merkmal mit der Zielperson gemeinsam hat (vielleicht auch aus Bayern stammt). Bald wird diesem das gestreute Gerücht hintertragen, und er wird nun die Mobbing-Aktivitäten genau beobachten, um zu prüfen, ob da was dran ist. Das macht das weitere Mobben sehr schwer.
b) Man könnte versuchen, die ja immer verdeckt durchgeführten Mobbing-Aktivitäten bekannt zu machen, um neue Verbündete zu gewinnen. Heften Sie einen Zettel an das Schwarze Brett: „Möchte Selbsthilfegruppe gegen Mobbing gründen." Geben Sie einen ersten Treffpunkt in einem Café außerhalb der Firma an (so brauchen Sie Ihren Namen nicht unbedingt anzugeben). Alle Mitarbeiter und Chefs lesen diesen Zettel und werden sich für die Mobbing-Aktivitäten interessieren. Das macht das Mobbing schwieriger. Wenn Sie eine etwas weniger umfassende derartige Maßnahme ergreifen wollen, können Sie wie zufällig ein Buch offen liegen lassen, dass im Titel Selbsthilfe gegen Mobbing verspricht.

Hier, an dieser Stelle, soll nur die Bereitschaft aufgebaut werden, im Notfall kreativ listig zu sein. Listen sind kreative Vorgehensweisen, die auf den Einzelfall abgestimmt sein wollen. Wer sich in einer schwierigen Lage befindet und listenreich sein will, findet Anregungen bei den chinesischen Listen (z. B. populär beschrieben in dem Buch „Die Kunst der List-Strategeme durchschauen und anwenden“ von Harro von Senger, Beck'sche Reihe, 2001), bei Reinecke Fuchs, bei der „Ilias“, bei den Listen der Kriegsführung (Claudius). Wenn Sie dort listige Vorgehensweisen in Einzelfallbeschreibungen finden, versuchen Sie das Prinzip der List zu abstrahieren und fragen Sie sich, ob dieses Listprinzip in Ihrem Fall anwendbar ist.

Eine Kriegslist z. B. war der U-Boot-Krieg. Das (uralte) Prinzip ist: „unsichtbar angreifen und treffen“. Jede Art von Tarnung, von Versteck und Deckung folgt diesem Listprinzip. Kann die List auf einen Mobbing Fall übertragen werden? Sicher ist das möglich. Zusätzlich sollte aber immer bedacht werden, dass der Angriff nicht auf den Gemobbten zurückschlagen darf und dass keine übermässige Beschädigung des Angegriffenen entsteht.

Ein Beispiel:
Sigrids Chefin hatte sich angewöhnt, sich bei der morgendlichen Besprechung auf den Schreibtisch von Sigrid zu setzen. Das gefiel Sigrid gar nicht, aber wie konnte sie sich dagegen wehren? Sie konnte wohl kaum von der Chefin fordern, dass sie das unterlässt, sie wäre sich auch etwas dumm dabei vorgekommen, und sie hätte sich das gar nicht getraut, weil sie eben ein wenig schüchtern ist. Im abendlichen Gespräch daheim wurde gemeinsam mit dem Partner eine List gesucht. Die beiden kamen auf die Idee, auf dem Schreibtisch ein bisschen Butter zu verteilen. So wurde es auch gemacht. Die Chefin musste nur einmal einen Fettfleck an ihrem Kleid entdecken – von dem sie ja gar nicht wusste, woher er kam (insofern war der Angriff unsichtbar), um sich fortan vorsichtshalber auf einen Bürostuhl zu setzen.

Allein sich zu überlegen, eine List anzuwenden, macht aus einem hilflosen Opfer einen potenziell für seine Gegner gefährlichen Einzelkämpfer. Der Einstieg in die List-Erfindung befreit bereits von Hilflosigkeit. Die „Mutter aller Listigkeiten“ ist natürlich die Rechtschutzversicherung, die Ihnen in Streitfällen einen listenreichen Helfer, den Rechtsanwalt, zur Seite stellt.

3.4.3 Selbstkritik nutzen!

Es kann durchaus sein, dass schüchterne Menschen gerade wegen ihrer Schüchternheit Karriere machen. Weil Sie besorgt und ängstlich sind, bereiten Sie sich auf jeden Auftritt, auf jede Aufgabe besonders gut vor. Sie sind eben wegen ihrer Selbstkritik in der Lage, Fehler wahrzunehmen und es beim nächsten Mal anders und besser zu machen. Man kennt ja die vielen Mitmenschen, die sich immer super finden und dadurch bei suboptimalen Lösungen bleiben:

Beispiel:
Bernd ist immer recht begeistert von dem, was er tut und auswählt. Wenn er z. B. nach Dänemark in Urlaub fährt, dann findet er, dass er das einfach super gemacht hat. Besser könnte es an gar keinem anderen Urlaubsort sein. Jeder, der im Urlaub nicht nach Dänemark fährt, ist einfach dumm. Auf Grund einer Einladung machte er viel später einmal an der Cote d'Azur Urlaub. Nun war es dort am allerbesten. Die Vorliebe für Dänemark war wie vergessen. Genau auf die gleiche Art bleibt er in seinem Leben bei Lösungen, die deutlich verbesserungsfähig sind, weil ja das, was er jeweils macht, immer absolute Spitze ist.

Nutzen Sie also ihre Fähigkeit zur Selbstkritik, um Aufgaben immer besser zu erledigen. Dabei darf es allerdings nicht allein bei Selbstkritik bleiben. Diese muss immer von der Frage begleitet sein: Wie kann ich es besser machen? Hinzu muss die Bereitschaft kommen, Ideen zu entwickeln, die machbar sind. Man sollte sich also mit Verbesserungsgedanken auch nicht überfordern.

Die soziale Angst hat die Fähigkeit verbessert, rasch zu denken und sich in chaotischen Lagen zurechtzufinden. Diese Fähigkeit, ständig aufmerksam zu sein, hat die Angst entwickelt – und kann von Ihnen genutzt werden.

3.4.4 Die Schüchternheit motiviert zu kreativen Höchstleistungen

Viele der berühmten und bedeutenden Menschen waren übermäßig schüchtern. Einige Schauspieler sind in diesem Buch schon erwähnt worden. Auch viele Erfinder und Schriftsteller (z. B. Tennessee Williams und Samuel Beckett) oder Musiker (Antonio Vivaldi, der wegen seiner sozialen Angst nicht seinem eigentlichen Berufswunsch, nämlich Priester zu werden, nachgehen konnte) waren als schüchtern bekannt oder schildern uns sogar in ihren Biografien das Ausmaß ihrer Schüchternheit. Der Dichter Grillparzer schreibt in seinen Erinnerungen:

> „Ich war mir dieses Sprachfehlers, im Gegensatz meiner Verwandten, die ganz unbefangen plauderten und sogar Komödie spielten, vollkommen bewusst, und vielleicht rührte meine Schüchternheit als Knabe zum Teile daher, dass ich in große Verlegenheit geriet, sooft mich jemand Fremder ansprach, und daher jeden solchen Anlass vermied. So wie mir auch mein Name so hässlich vorkam, dass ich mich erst spät entschließen konnte, ihn meinen Stücken auf dem Theaterzettel beisetzen zu lassen." (Selbstbiografie, Bd. 4, S. 35)

Zumindest muss einmal die Frage gestellt werden, welchen Beitrag die Schüchternheit für den Erfolg leistet. Könnte jeder „Normal"-Schüchterne seine eigene Schüchternheit in dem Sinne nutzen?

Aus der Literatur über Kreativität und Ruhm weiß man, dass die marginalen Persönlichkeiten, z. B. Kinder, die ohne Väter aufwuchsen; Homosexuelle, die in früheren Zeiten ihre Entdeckung fürchten mussten; missgebildete Menschen, Depressive und Alkoholkranke, also solche Menschen, die nicht so „dazu gehören", oft bedeutende Persönlichkeiten werden (von Grillparzer erfuhren wir gerade etwas über einen Sprachfehler). Wenn in der Literatur zum Phänomen Ruhm die Schüchternheit auch nicht explizit erwähnt wird, so gibt es doch große Überschneidung bei der Zahl von Personen, die schüchtern und depressiv oder alkoholkrank sind, so dass man annehmen darf, dass auch der Schüchterne jene Außenseiterposition einnimmt, die eine kreative Höchstleistung motiviert.

Abbildung 10: Die Fesseln der Schüchternheit lösen und beim Abstieg als Sicherungsseil nutzen.

Natürlich hat man in der Außenseiterposition einfach mehr Zeit. Man gehört nicht automatisch zu sozialen Gruppen, sondern bleibt in der Position des Beobachters. Es gibt Zeit für Hobbys und Interessen – und dafür, darin perfekt zu werden, weil weniger Zeit mit dem Plaudern in sozialen Gruppen verbracht wird.

Bei manchem Autor ist fraglich, ob er ein so umfangreiches Lebenswerk hätte zu Stande bringen können, wenn er viel Zeit auf Festen und Partys verbracht und den Vormittag danach ausgeschlafen hätte.

In bildnerischen oder literarischen Fantasien lassen die Künstler eine Welt entstehen, die Sie sich wünschen, die ihnen aber unerreichbar ist. Schneider (1992) kann eine große Zahl von Geistesgrößen aufzählen, die depressiv, neurotisch, von kleinem Körperwuchs oder körperlich gebrechlich waren und die ihre schweren Lebensumstände in einem großen Lebenswerk kompensierten.

Die Schüchternheit gibt also den Raum, z. B. als Maler oder Schriftsteller Exzellenz zu entwickeln, wenn denn ein Talent vorhanden ist. Über den Weg des Werkes kann der Schüchterne dann in Kontakt zur Welt treten; die Anerkennung des Werkes mindert seine tief empfundene Minderwertigkeit. Die Schüchternheit kann also dabei helfen, Talent zu entfalten; verwirklichte Kreativität mindert die Schüchternheit und führt zu Stolz.

Ganz im Ernst: Prüfen Sie sich! Steckt in Ihnen der Keim literarischen, musischen oder bildnerischen Geschickes? Vielleicht können Sie mit einer Ausstellung von Bildern oder mit einer Dichterlesung, also mit einer anerkennenswerten kreativen Leistung im Gepäck, leichter mit den Mitmenschen umgehen.

Es gibt im Alltagsleben allerlei Möglichkeiten, literarisches Talent zu üben: Schreiben Sie interessant formulierte Leserbriefe an Zeitungen, schreiben Sie Gedichte für bewunderte oder geliebte Personen, schreiben Sie kleine Vorträge zu festlichen Gelegenheiten. Versuchen Sie, Ihr Leben in Kurzgeschichten zu verarbeiten, schaffen Sie so den Grundstock für eine Autobiografie. Schreiben Sie literarische Wunsch-Fantasien, wie Sie als Casanova leben.

Wenn Sie sogar therapeutisch aktiv werden wollen, schreiben Sie eine Geschichte mit dem Titel: „Wie Martin überraschend seine Schüchternheit überwand“. Entwerfen Sie originelle und künstlerische Kontaktanzeigen, Sie werden dann Menschen mit dem gleichen Talent anziehen. Auf Literaturkursen in der Volkshochschule und in der Universität lernen Sie sensible (und vielleicht ebenfalls schüchterne) Menschen mit den gleichen Interessen kennen.

Wenn Sie mehr zu bildnerischem Schaffen neigen, können Sie sich im Alltag viele Aufgaben stellen: schöne und kreative Fotos von Ihren Bekannten machen, zu Weihnachten einen eigenen Fotokalender verschenken, Urlaubs- oder Weihnachtskarten selbst fotografieren oder malen. Gestalten Sie Ihre eigene Tapete (das ist auch im übertragenen Sinn gemeint)! Malen Sie ihre Möbel, Ihre Türen oder Ihr Fahrrad an. Entsprechende Kurse gibt es allerdings selten. In Volkshochschulkursen wird auf Wunsch der Beteiligten meist das naturalistische Malen gelernt. Kontakt zur heutigen Kunst bekommen Sie, wenn Sie Unterricht bei einem Künstler nehmen. Manchmal bieten die regionalen Künstler solches an.

Bei Atelierbesuchen an „Tagen der offenen Tür“ können Sie Kontakt zu Künstlern aufnehmen. Diese sind oft sehr sensible Menschen, die in der Lage sind, besonders gut mit Schüchternen umzugehen.

Wollen Sie ein musikalisches Talent überprüfen, sollten Sie ein Musikinstrument lernen. Man kann auch mal bei Karaoke-Veranstaltungen auftreten. Dann gibt es die Möglichkeit, bei einer Musikgruppe mitzumachen; dort trifft man oft andere schüchterne Menschen (der Beatle George Harrison z. B. war sehr schüchtern). Sie können Workshops der Musikhochschulen besuchen. Sie können auf Festen Ihrer Bekannten musikalische Vorträge abliefern. Sie können Vereinen beitreten.

Vielleicht haben Sie Glück, und Ihr literarisches, bildnerisches oder musikalisches Talent wird entdeckt und Sie erhalten Gelegenheit, es professionell weiterzuentwickeln.

3.4.5 Schüchterne Partner haben ihre Vorzüge

Ein schüchterner Partner ist kein „Partylöwe“ und wird nicht gleich andere anmachen, kann also als treuer Geschlechtspartner gelten. Keller schildert in den „Leuten von Seldwyla“ die Empfindungen einer jungen Dame gegenüber dem schüchternen Bewerber:

> „Denn eine neue Wendung war eingetreten, ein Fräulein beschritt den Schauplatz der Ereignisse. Doch schadete ihm seine Blödigkeit und übergroße Ehrerbietung nichts bei der Dame; im Gegenteil, die Schüchternheit, Demut und Ehrerbietung eines so vornehmen und interessanten jungen Edelmanns erschien ihr wahrhaft rührend, ja hinreißend. Da sieht man, fuhr es ihr durch den Sinn, je nobler, desto bescheidener und unverdorbener.“ (GW, Bd. 6, S. 305)

3.4.6 Schüchternheit kann Nachdenklichkeit bedeuten

Hauff schreibt über seine Romanfigur Dessauer (Mitteilungen aus den Memoiren des Satans, Bd. 1):

> „Seine Zurückgezogenheit zuvor galt nun für tiefes Studium der Politik, seine Schüchternheit … für Tiefsinn, und jedes Haus hätte ihm freudig eine Tochter gegeben, um mit diesem sublimen Kopf sich näher zu verbinden.“ (S. 580)

Nutzen Sie die Chance, die sich hier bietet. Erklären Sie sich zu einem nachdenklichen Menschen, der nicht gleich den ersten Einfall herausposaunt. Ihre Mitmenschen lieben solche Menschen.

3.4.7 Der Schüchternheit ein Schnippchen schlagen: Das „Als ob"-Spiel

Wenn das, was man an Ihnen sieht, gar nicht Ihr wirkliches Ich, sondern gespielt ist, dann würden sich ja Reaktionen und Bewertungen auch gar nicht auf Sie selbst, sondern auf die jeweilige Rolle beziehen. Vielleicht wäre das soziale Beisammensein leichter, wenn Sie eine Rolle spielten? Ganz sicher! Sogar sehr schüchterne Menschen können, wenn sie eine Berufsrolle ausüben, plötzlich ganz frei und ungehemmt diese definierten sozialen Kontakte bewältigen:

Beispiel:
Simone war ein sehr schüchternes junges Mädchen. Neben ihren Brüdern hatte sie sich immer etwas zurückgesetzt und minderwertig gefühlt. Oft musste sie bei der Hausarbeit helfen, die Brüder aber nicht. Als sie bei der Zeitung eine kaufmännische Lehre begann, war sie sehr scheu und konnte außer dem Nötigsten kaum etwas mit ihren Kollegen besprechen. Durch einen freundlichen älteren Mentor, der trotz allem bemerkt hatte, dass sie sehr sprachbegabt war, bekam sie die Chance, in die Redaktion der Zeitung zu wechseln. Sie freute sich, war aber auch extrem besorgt. Würde sie Interviews führen können oder würde sie gehemmt stottern, wenn Sie einen Interviewpartner befragen müsste? Sie schrieb sich zur Sicherheit zunächst alle Fragen auf. Dann bemerkte sie aber zu ihrer großen Erleichterung, dass sie in der Rolle der Zeitungsredakteurin frei sprechen konnte. Sie konnte sogar mit ihrem Gesprächspartnern scherzen, so dass sich mancher später noch einmal freundlich nach ihr erkundigte. Diese überraschende Erfahrung half ihr, die Schüchternheit insgesamt zu überwinden.

Die Berufsrolle kann sehr mächtig sein: Sehr schüchterne Menschen, die ich in meinen Therapien kennen gelernt habe, können mit der Legitimation ihres Berufes ganz ungezwungen mit fremden Menschen, z. B. mit Kunden, umgehen.

Beispiel: Rolf.
Das Beispiel Rolf zeigt, wie schwer es ist, aus Befragungen von fremden Versuchspersonen die Wirklichkeit von Schüchternheit zu erkennen. Rolf würde sein Geheimnis hier nicht preisgeben. Er wäre überhaupt viel zu schüchtern, um sich einer Befragung durch Fremde auszusetzen.

Wenn man ihn kennen lernt, mag man ihn, weil er schweigsam, zurückhaltend, freundlich ist. Er fällt nicht auf, will ja auch nicht auffallen. In seinem Beruf – er ist Verkäufer in einem Kaufhaus – fühlt er sich wohl. Mit den Kunden kann er sprechen und scherzen.

In seinem Privatleben sind Fremde aber der reine Horror. Er traut sich nicht, alleine zum Arzt zu gehen. Beim Metzger kann er nicht sagen „Ich bin jetzt dran". Zu den Elternsprechtagen und Schüler-Aufführungen seines Sohnes geht er erst gar nicht mit. Am Telefon hat er es etwas leichter, da kann er mit Fremden sprechen, sich sogar recht erfolgreich bei Behörden durchsetzen.

Erstaunlicherweise kann er als Verkäufer sehr gut mit seinen Kunden umgehen. Er führt mit ihnen nicht nur Gespräche über die Waren und Dienstleistungen seines Kaufhauses, sondern auch über private Themen. Er ist beliebt und geschätzt. Stammkunden fragen sogar nach ihm, wenn er Urlaub hat und ein Kollege ihn vertritt. An seinem Arbeitsplatz ist Rolf sozusagen nicht er selbst, sondern der Stellvertreter seiner Firma, mit der ganzen Autorität des Unternehmens ausgestattet, sozusagen in offizieller Mission tätig.

Dem sozialen Druck auf geselligen Ereignissen kann er durch Alkoholkonsum entgehen, so dass er sich bei Geburtstagspartys oder Betriebsfesten leicht betrinkt. Dies ist ein wenig zur Gewohnheit geworden, und er neigt auch zu Hause dazu, zu viel zu trinken. Dort, im Kreise der Familie, ist er durchaus eine andere Persönlichkeit. Er duldet keine Widerworte, schimpft mitunter laut mit dem Sohn oder führt energisch-kontroverse Diskussionen mit Verwandten.

Wie erfährt man solche „Geheimnisse“? Natürlich manchmal in Psychotherapien. Rolf würde aber niemals eine Therapie aufsuchen, um mit einem fremden Therapeuten zu sprechen: Nein, der Autor kennt in diesem Fall einen Freund der Familie, der ihm manchmal über Rolf erzählt.

Die Firma, die offizielle Berechtigung, steht hinter dem Ich. Man lenkt die Aufmerksamkeit der andern nicht auf das vermeintlich schwache Ich, sondern auf die starke Firma, die einen beauftragt.

Diese Beobachtungen lassen sich wirklich gut nutzen. Wenn Sie als schüchterner Mensch keine Berufsrolle haben, dann sollten Sie sich selbst eine Rolle geben. Das heißt nicht, dass Sie einen vorbereiteten Text sprechen sollen. Das kann nicht gut gehen, die anderen Sozialpartner haben ja kein Textbuch, und ihre auswendig gelernten Worte würden immer etwas unpassend sein. Nein, Sie sollen in der sich selbst gegebenen Rolle improvisieren!

Das Einnehmen der Rolle ändert die Situation ja objektiv nicht. Es ist nur ein Schalter im Kopf, der umgelegt wurde. Nur das Bewusstsein hat sich verändert. Die Rolle der Redakteurin im Beispiel war nun aber wirklich vorhanden. So etwas kann man nicht beliebig herstellen.

Viele berühmte Schauspieler waren zu Beginn ihrer Karriere ganz besonders schüchtern. Eigentlich muss man sich über die Berufswahl wundern, denn gerade der schüchterne Mensch fürchtet es doch, vor Gruppen zu reden. Aber eine Rolle mit festem Text zu spielen, macht vielen Schüchternen nicht so viel aus: Sie sind es sozusagen gar nicht selbst, die da agieren, es ist nicht ihr Gefühl, das Sie zeigen, nicht ihr Text, den Sie sprechen, also können Sie sich auch nicht blamieren oder angegriffen werden. So ist der Beruf des Schauspielers für Schüchterne durchaus attraktiv: Sie können in Rollen agieren – und dann belastet Sie ihre Schüchternheit nicht mehr! Der Schauspieler Jean-Lois Trintignaint schreibt auf seiner Internetseite: *„Ich war Opfer meiner krankhaften Schüchternheit, um sie zu verlieren, wählte ich diesen Beruf. Ich hoffte, dadurch etwas lockerer zu werden.“* Die Liste schüchterner Schauspieler und Musiker ist wirklich lang, einige seien hier erwähnt: Nicolas Cage, Marilyn Monroe …

Übung: Sich eine Rolle auswählen.
Die gewählten Rollen sollten bequem für Sie sein: Die Rolle von 007-James-Bond ist kaum geeignet, weil sie ein übermäßig forsches Vorgehen gegenüber dem anderen Geschlecht vorsieht. Die gewählten Rollen sollten Sie freundlich stimmen: Die Rolle des Fernspähers auf fremden Terrain würde Distanz und Feindseligkeit gegenüber den Anwesenden einfließen lassen.

Natürlich kann man vorher in der Vorstellung ein wenig üben: Wie würde der Rollenträger in dieser oder jener Situation reagieren? Wie würde er vermutlich auf diese oder jene Ansprache reagieren? Solche Überlegungen stimmen Sie in die Rolle ein.

Rollen, die sich auf Partys und Festen eignen.
Die *Rolle eines Diplomaten* ist fast perfekt. Stellen Sie sich vor, Sie wären als Diplomat eines befreundeten Staates anwesend. Sie müssen dann sehr höflich, formvollendet sein. Sie versuchen, viel zu erfahren und eher wenig von sich preiszugeben. Als Diplomat sind Sie selbstverständlich gut gekleidet, also achten Sie auf ein perfektes Äußeres. Man muss natürlich für irgendjemanden Diplomat sein: Vielleicht können Sie sich vorstellen, dass Sie der Diplomat Ihrer Familie sind. Sie können auch Diplomat Ihres wirklichen Ichs sein, das ja gar nicht sichtbar ist. Sie nehmen dann als Diplomat die Interessen ihres wirklichen Ichs wahr.

Sie könnten sich in die *Rolle eines Gourmet-Testers* versetzen, der später eine Rezension der Speisen und des Arrangements abliefern wird. Allgemeiner wäre die *Rolle eines Journalisten*, der einen Artikel über die Party oder das Ereignis, dem Sie beiwohnen, verfassen wird. Vielleicht gefällt Ihnen aber auch die *Rolle eines Schriftstellers*, der seine Erlebnisse später für seinen Roman verwerten wird. Die beiden letztgenannten Rollen können Sie soweit verwirklichen, dass Sie in Ihrem Tagebuch tatsächlich ein Textstück verfassen.

Rollen, die sich im Kontakt mit dem anderen Geschlecht eignen. Sie wählen *die Rolle eines Begleitagentur-Mitarbeiters*. Sie sollen dafür sorgen, dass Ihr Partner nicht als Single auftreten muss. Wenn Sie wollen, können Sie ihn ein wenig unterhalten oder ihm bei seinen eigenen Gesprächsbeiträgen ein gutes Gefühl geben.

Auch das ist möglich: Sie übernehmen die *Rolle eines Personenschützers*, der darauf achtet, dass sein „prominenter" Partner sicher ist. Ähnlich wäre die *Rolle eines Schutzengels*, der im Gespräch mit dem Partner Aufgaben herausfindet, die dieser gern erledigen möchte, und später heimlich dabei hilft.

Sie können sich auch vorstellen, dass Sie bei dem „Date" für einen Freund eingesprungen sind und nun das Beste daraus machen. Sie nehmen also in der Vorstellung die *Rolle eines Ersatzmannes/einer Ersatzfrau* ein.

Rollen, die sich bei beruflichen Aufgaben eignen. Vorträge und Präsentationen sind für den Noch-Schüchternen oft besonders schlimm. Im Berufsleben gibt es jedoch häufig die Anforderung, vor einer Gruppe zu sprechen. Alle Aufmerksamkeit ist auf Sie gerichtet! Oft sind Vorgesetzte anwesend.

Möglich ist die *Rolle eines Dolmetschers*, der etwas übersetzt, was ein anderer formuliert. Sie können sich vorstellen, dass Sie nur einen Probevortrag halten. Der eigentliche Vortrag soll erst später erfolgen. Dabei ist ganz generell auch *die Rolle eines Schauspielers* möglich. Sie stellen sich vor, an einem Film mitzuwirken, in dem gerade dieser Vortrag gehalten wird (vielleicht ist es ein lustiger Film?).

Hinter all diesen Rollen können Sie Ihr eigenes Ich sicher verstecken, und wenn Sie die Rolle gut ausfüllen und als improvisierender Schauspieler etwas Talent haben, werden Sie sich auch Freunde machen. Zumindest wird man später denken, dass Sie sehr nett sind.

Sie können sich auch einen hypothetischen Charakter zulegen, der es Ihnen erlaubt, sich innerlich zurückzulehnen. Stellen Sie sich vor, Sie sind steinreich. Die anderen wissen es vielleicht, vielleicht nicht, jedenfalls täten Sie gut daran, sich mit Ihnen gut zu stellen. Das ist allerdings eine Rolle, die Sie nicht unbedingt sympathisch macht. Vielleicht ist der Charakter des introvertierten Wissenschaftlers besser, der nur etwas sagt, wenn er sehr sicher ist, und der innerlich alle philosophischen Implikationen der gesprochenen Beiträge bedenkt.

Oder ist es besser, „ganz ich selbst zu sein“?

In den Chat-Räumen des Internets liest man nicht den Rat, eine Rolle zu übernehmen, sondern etwas völlig Entgegengesetztes: Der Schüchterne wird ermutigt, in sozialen Situationen ganz er selbst zu sein. Er soll sich nicht verstellen, sich nicht unter Druck setzen, sich nicht bemühen, anders zu sein, als er ist. Dann wird er es nach der Meinung wohlmeinender Zeitgenossen leichter haben, und er wird ungehemmter sein können.

Das klingt plausibel, funktioniert aber nicht. Wenn der Schüchterne ganz er selbst ist, ist er ja gerade schüchtern. Er ist nicht deshalb schüchtern, weil er zu hohe Ansprüche an sich stellt und ganz perfekt, ganz überlegen sein will. Er ist, so wie er ist, schüchtern. Obwohl die Formulierung „ganz man selbst sein“ einen wünschenswerten Zustand zu beschreiben scheint, heißt der Rat in Wirklichkeit nichts anderes als: „Wenn du schüchtern bist, sei eben schüchtern!“

Dem Schüchternen geht es aber darum, das „Selbst“ vor Kritik und Ablehnung zu schützen. Ein Weg dazu ist nicht viel, sondern wenig Selbst zu zeigen – und das gelingt durch die Übernahme einer Rolle.

Vielleicht sorgt sich jetzt der eine oder andere, dass das Rollenspiel als Maske einwächst und er zu einer künstlichen, sich ganz fremden Person wird. Es ist aber eher so, dass das „heimliche“ Rollenspiel Situationen erleichtert, und wenn man diese guten Erfahrungen ein paar Mal gemacht hat, lassen die sozialen Hemmungen nach, und man ist wieder ganz man selbst. Nun muss man sich die Mühe des Rollenspiels gar nicht mehr machen.

3.4.8 Anderen helfen

Anderen zu helfen, ist für den Schüchternen in mancherlei Hinsicht sinnvoll, und viele Schüchterne haben diese Rolle schon automatisch für sich ausgesucht. So hat man eine „Daseinsberechtigung". Die anderen Menschen haben einen klaren Grund, mit dem Helfer zusammenzusein. Leicht aber wird der, der anderen gern hilft, ausgenutzt. Und wenn er selbst einmal Hilfe braucht, findet er sie nicht.

Aber wenn Sie anderen Schüchternen helfen, helfen Sie sich irgendwie auch selbst. Als schüchterner Mensch sind Sie für Schüchternheit sensibilisiert, Sie können schüchterne Mitmenschen erkennen. Die sind ja nun auch weniger Furcht erregend, also fällt es leichter, auf Sie zuzugehen. Sie können sich besonders gut in den anderen Schüchternen hineinversetzen, also wissen Sie, wie vorsichtig Sie ihn ansprechen müssen, wie sehr Sie ihm im sozialen Kontakt Fluchtmöglichkeiten lassen müssen. Aber reichen Sie ihm eine helfende Hand. Wenn Sie kreative Möglichkeiten entdecken, wie Sie anderen Schüchternen helfen können, haben Sie ja auch automatisch Möglichkeiten für sich selber entdeckt. Sie wissen, wie sehr der andere Schüchterne sich innerlich nach Hilfe sehnt, Sie erfüllen auch eine eigene Sehnsucht und werden gerade bei der Hilfe gegenüber anderen Schüchternen eine tiefe Befriedigung erleben.

3.5 Entspannung

Bei sehr vielen „Selbsthilfemaßnahmen" spielt die Entspannung eine Rolle. Das kommt daher, weil man nicht tief entspannt und gleichzeitig ängstlich sein kann. Hat man also die Fähigkeit, sich tief zu entspannen, lässt sich Angst auflösen. Speziell in sozialen Situationen sind Schüchterne gehemmt und haben Angst. Die Fähigkeit, sich zu entspannen, wird also auch für Schüchterne nützlich sein. Allerdings kann man sich auf einer Party schlecht in einen Sessel setzen und die Augen schließen, um sich Entspannungsinstruktionen zu geben.

Dennoch kann man sich auch im Vollzug des Alltagslebens immer wieder ein wenig entspannen:

- achten Sie eine Weile auf Ihren Atmen, atmen Sie tief, ruhig und gleichmäßig;

- sagen Sie innerlich leise zu sich: „Ich bin ganz entspannt“;
- wiederholen Sie das einige Male.

Wenn Sie z. B. Sorge haben, dass Ihr Arm beim Heben eines Glases oder bei einer Unterschrift zittern wird, können Sie sich eine Weile nur auf diesen Arm konzentrieren, um ihn zu entspannen. Autosuggestionen helfen zusätzlich:
- achten Sie wieder auf die Atmung;
- sagen Sie innerlich: „Der rechte Arm ist völlig entspannt“;
- Autosuggestion: „Ich kann meine Hand ruhig und kontrolliert bewegen“.

Das funktioniert im Alltag umso besser, wenn man bereits gelernt hat, sich willkürlich willentlich zu entspannen. Dies kann man zu Hause erledigen, indem man sich selbst eine Entspannungsinstruktion vorsagt (oder mit Betonung auf Band spricht und abspielt). Machen Sie die Übung im Bett vor dem Einschlafen oder setzen Sie sich bequem hin und geben Sie sich selbst die Entspannungsinstruktionen. Hier ein Vorschlag:

A Die Atmung:

„Ich atme ruhig und gleichmäßig“

(20 Sekunden Pause)

„Der Atem strömt ein und aus, ohne dass ich etwas dazu tun muss, in seinem eigenen Rhythmus“

(20 Sekunden Pause)

„Ich erlaube dem Atem, ganz tief in den Körper zu sinken“

(20 Sekunden Pause)

„Um die Alltagsgedanken und alle Sorgen abzuschalten, sage ich beim Einatmen innerlich leise „alles“ und beim Ausatmen „wird gut“

(60 Sekunden Pause, in denen diese Instruktion ausgeführt wird)

B Die Entspannung verschiedener Muskelgruppen:

„Die Stirn ist ganz glatt und frei, und die Augen liegen ohne Druck in den Augenhöhlen“

(20 Sekunden Pause, in der die Aufmerksamkeit allein auf Stirn und Augen gerichtet wird)

„Die Kiefermuskeln sind locker und entspannt, die Zunge findet einen entspannten Ruheort, und die Ringmuskeln um den Mund sind völlig entspannt, so dass die Lippen sich etwas vorwölben können“

(20 Sekunden Pause)

„Der Hals ist ganz weit und offen, die Wände der Brust leicht und biegsam, so dass ich ganz leicht ein- und ausatmen kann“

(20 Sekunden Pause)

„Die Arme liegen schwer auf der Unterlage (oder auf den Oberschenkeln – je nach Sitzposition), und Wellen von bleierner Schwere strömen durch die Arme“

(20 Sekunden Pause)

„Wenn sich jetzt die Aufmerksamkeit auf den Bauch richtet, bin ich überrascht, wie entspannt ich schon bin; die Entspannung fließt nun auch in den Bauch; ich erlaube der Bauchdecke, sich etwas vorzuwölben; vom Bauch aus breitet sich die Entspannung in Wellen über den ganzen Körper aus“

(30 Sekunden Pause)

„Auch die Muskeln des Beckens, die Gesäßmuskeln, die Muskeln des Unterleibs und so weit wie möglich die Schließmuskeln sind locker und entspannt“

(30 Sekunden Pause)

„Die Spannung der Rückenmuskeln entlang der Wirbelsäule wird ganz losgelassen“

(20 Sekunden Pause)

„Oberschenkel und Unterschenkel sind völlig entspannt“

(20 Sekunden Pause)

„Die Füße und Zehen sind entspannt"

(20 Sekunden Pause)

„Die Muskeln des ganzen Körpers sind nun entspannt; ich fühle mich ganz wohl und bin völlig auf mich konzentriert; ich schöpfe frische Energie in der Entspannung"

Jetzt können Sie sich auch auf die inneren Organe konzentrieren und versuchen, einen empfindungsmäßigen Kontakt zu den inneren Regionen des Körpers herzustellen.

„Das Herz schlägt gesund und kräftig in seinem eigenen Rhythmus"

(20 Sekunden Pause)

„Der Darm arbeitet langsam und unwillkürlich"

(20 Sekunden Pause)

„Ich spüre das gesunde Strömen des Blutes durch die Adern; es wärmt beim Strömen durch die kleinen Adern die Haut"

Hier wäre jetzt die richtige Gelegenheit (vgl. S. 69), Autosuggestionen mit auf dem Band aufzunehmen oder sich innerlich aus dem Gedächtnis vorzusprechen. Zum Beispiel: „Ich werde überrascht sein, wie sehr ich die Party am Abend genieße."

Schließlich nehmen Sie die Entspannung wieder zurück.
„Ich achte auf eine gewisse Unbequemlichkeit, die sich jetzt eingestellt hat. Ich höre die Geräusche der Umgebung. Ich freue mich, jetzt wieder die Muskeln anzuspannen und die Augen aufzuschlagen. Ich bin durch die Minuten der Entspannung frisch und ausgeruht und habe neue Energie getankt."

Spannen Sie dann die Muskeln an, schlagen Sie die Augen auf und blicken Sie beim „Aufwachen" einmal in Richtung Licht (natürlich nicht direkt in die Sonne).

In der Entspannung dringen positive Autosuggestionen besonders tief ins Unbewusste ein: Nutzen Sie die Gelegenheit, selbst entwickelte Autosuggestionen oder einige der Vorschläge mit auf das Band zu sprechen. Wenn man sich angewöhnt, regelmäßige Entspannungsübungen zu machen, ist das insgesamt segensreich, nicht zuletzt weil sich dadurch insgesamt die willkürliche Kontrolle über Spannung und Entspannung erhöht.

Es gibt Menschen, denen es unangenehm ist, sich in Entspannung zu versetzen, oder die gar nicht zu einer tieferen Entspannung gelangen. Es gibt weitere Entspannungstechniken, z. B. die progressive Relaxation nach Jacobson (vgl. Bernstein & Borkovec, 1975), die dann vielleicht besser funktionieren. Eine CD mit derartigen Entspannungsanweisungen kann man kostenlos bei den Krankenkassen anfordern (vgl. Anhang 3, S. 160).

3.5.1 Ankern

Nachdem Sie nun (nach einigen Versuchen) gelernt haben, sich zu entspannen, können Sie eine Technik erlernen, Ihre Stimmung in kritischen Situationen aufzuhellen und Mut und Zuversicht zu empfinden.

Zu dem Zweck müssen Sie sich zunächst an einige Situationen erinnern, in denen Sie einmal besonders optimistisch, froh und zuversichtlich waren. Das kann die Geburt der Kinder sein, das Bestehen von Prüfungen, das Verlieben in den Lebenspartner, das Wiedergesunden nach langer Krankheit, aber auch eine wunderschöne Szene in freier Natur oder wie man einem kranken Tier oder einem Freund in einer wichtigen Angelegenheit geholfen hat. Es kann sein, dass „Ihre Situation“ in dieser willkürlichen Aufzählung nicht dabei war. Suchen Sie die Situationen in der Vergangenheit, in denen Ihre positiven Gefühl am allerstärksten waren, und notieren Sie diese Situationen in ihrem Schüchernheits-Bewältigungs-Tagebuch. Nun prüfen Sie, ob die genaue Erinnerung an die Situation die damaligen positiven Gefühle wieder wachrufen kann. Vielleicht schließen Sie die Augen und stellen sich die Situation bildhaft vor. Vielleicht kommen in der Vorstellung auch Geräusche und Gerüche vor. Versuchen Sie, sich so viele Details wie möglich ins Gedächtnis zu rufen. Aus Erfahrung weiß ich, dass eine Wiederholung des Erinnerungsversuches immer mehr Details der damaligen Situation hervorrufen kann. Konzentrieren Sie sich auf die damalige Gefühlslage. Können Sie das Gefühl fast in alter Stärke im gegenwärtigen Moment wieder herstellen? Erinnerungen, bei denen das gelingt, sind für die Fortsetzung der Übung des Ankerns besonders geeignet.

Im nächsten Schritt soll nämlich erreicht werden, dass Sie diese Gefühlslage bei Bedarf willkürlich hervorrufen können. Zu dem Zweck wird das Aufkommen des optimistischen, zuversichtlichen Gefühls an eine willkürlich provozierte Empfindung durch Assoziation gelernt. Das willkürliche Gefühl kann z. B. das Zusammenpressen von Daumen und Zeigefinger sein. Vielleicht spüren Sie dabei den Fingernagel des Zeigefingers im Daumen. Nun sollen Sie das optimistische Gefühl, das Sie jeweils durch die genaue Vorstellung der ausgesuchten Erinnerung hervorrufen, gleichzeitig mit der Empfindung des Fingerpressens erleben.

Abbildung 11: Beim Zusammendrücken von Daumen und Zeigefinger bildhaft ein sehr positives Erlebnis aus der Erinnerung wachrufen: Wenn man dies einige Male übt, kann die Empfindung: „Daumen und Zeigefinger werden zusammengedrückt“ alleine ein positives Gefühl entstehen lassen.

Dies sollten Sie einmal am Tag über etwa 20 Tage trainieren. So kommt eine „Assoziation“ zwischen dem Fingerpressen und dem positiven Gefühl zu Stande. Und wenn Sie dann in einer kritischen Situation sind, in der Sie die Schüchternheit ganz mutlos macht, führen Sie das Fingerpressen aus – und automatisch kommt die optimistische Stimmung, die Sie in der Vergangenheit einmal erlebt haben, wieder auf. Abbildung 11 illustriert die Übung.

3.6 Durch Konfrontation Angst verlernen

Eines der wirkungsvollsten Elemente der Verhaltenstherapie der Angst ist nach heutiger Auffassung die Konfrontation mit der Angstsituation. Wenn man diese Konfrontation nur lange genug aushält – so lange, bis die Angst etwas abflaut –, und wenn man bei der Konfrontation keine negativen Erfahrungen macht, wird die (soziale) Angst überraschend schnell verlernt. Konfrontation, das heißt: sich der Situation auszusetzen – und das nicht langsam und allmählich, sondern sozusagen gleich ins kalte Wasser zu springen und sich in eine ganz schwierige sozialen Situation zu begeben. Ich will nicht verheimlichen, dass die Konfrontation, wenn man sie selbst und ohne Psychotherapeut plant, nicht immer zu Verbesserungen der Angst führt. Schüchterne haben mir berichtet, dass die Angst vor sozialen Situationen trotz vielfältiger Konfrontationsversuche sogar noch angestiegen ist. Vielleicht haben Sie die Konfrontation nicht so lange ausgehalten, bis die Angst abflaute, vielleicht aber flaut die Angst in sozialen Situationen auch nicht in der Art ab wie die Angst vor dem Fliegen. Wer also die Erfahrung macht, dass die Angst über eine ganze soziale Episode gleich bleibt und nicht abflaut, hat möglicherweise nichts von Konfrontationen. Wer von sich schon weiß, dass er z. B. auf Partys mit der Zeit ruhiger wird, der sollte es auf jeden Fall mit weiteren Konfrontationen versuchen.

Stellen Sie sich selbst Aufgaben! So eine – gleich recht schwere – Aufgabe könnte sein, sich auf einer Party mit einem hübschen Mädchen (oder Jungen), mit dem man gern Kontakt hätte, nett zu unterhalten. Das ist allerdings eine komplexe Aufgabe. Ob der Versuch gelungen war oder nicht weiß man auch hinterher nicht genau. Vielleicht gab es eine kurze Unterhaltung, das Mädchen wandte sich dann aber einem anderen zu. Wie ist das zu bewerten? Fand sie das Gespräch mit Ihnen langweilig? Oder war sie nur höflich genug, um den Bekannten, der gerade angekommen war, zu begrüßen? Wenn die Aufgabe einfacher gestellt würde, wäre es auch einfacher, den Erfolg zu bemessen – und ohnehin wäre es einfacher, sie zu bewältigen. Zum Beispiel könnte die (leichtere) Aufgabe lauten, dem Mädchen zwei Fragen zu stellen und eine Information zu geben. Ob das glückte, ist hinterher nicht schwer zu beurteilen. Wenn ganz einfache Aufgaben zum Erfolg geführt haben, können die Aufgaben mit der Zeit etwas komplexer und schwieriger werden. Hier ist einmal ein Reihenfolge angegeben:

1. Eine Person freundlich anblicken und ihr zunicken.
2. Eine Person ansprechen, ob sie ihr ein Getränk mitbringen sollen.
3. Einer Person ein Kompliment zu ihrer Kleidung machen.
4. Einer Person eine Frage stellen.
5. Einer Person eine Frage stellen und eine Information über sich geben.
6. Zu einem Punkt der Gruppendiskussion eine Meinung sagen.
7. Einer Person einen Witz erzählen.
8. Einer Gruppe einen Witz erzählen.

Wenn Sie ihre Aufgabe auf der Party erledigt haben, dürfen Sie sich erleichtert zurücklehnen. Das war schon mehr, als Sie sonst geleistet hätten. Vielleicht gelingt es Ihnen dann, wenn die „Hausaufgaben“ erledigt sind, das soziale Beieinander ganz entspannt zu genießen.

Gut zu wissen: Allzu viel Alleinsein beim Computerspielen oder Lesen etc. kann Schüchternheit wachsen lassen. Es ist wichtig, sich Sozialkontakten auszusetzen.

3.7 Medikamente

Oft habe ich erlebt, dass meine Klienten bei psychischen Problemen Medikamente ablehnen. Sie waren überzeugt davon, dass sie selbst mit den Problemen fertig werden müssten. Derartige Überzeugungen werden von der Erkenntnis getragen, dass bei Angstmedikamenten die Symptomatik nur unterdrückt, aber nicht bekämpft wird. Die Medikation ist zwar wirksam ist, die Wirkung lässt aber nach dem Absetzen der Medikamente nach. Warum das so ist, weiß man nicht genau.

Wenn man eine Zeit lang beschwerdefrei ist, könnte man ja angemessenes Sozialverhalten lernen. Da das aber nicht so ist, kann man schließen, dass schüchternes Verhalten nicht aus einem Mangel an angemessenem Sozialverhalten besteht (s. o.). Vielleicht muss man gerade lernen, mit der bestehenden Hemmung umzugehen. Ist die Hemmung aufgehoben, kann man das nicht lernen. Daher ist vielleicht auch eine Psychotherapie, die mit Medikamentengabe gekoppelt ist, nicht wirkungsvoller als Medikamente allein, weil ja dann, während der Medikation, die übliche Sozialhemmung nicht besteht.

Eine Analogie soll helfen, die Stimmigkeit der Argumentation zur generellen Ablehnung von Medikamenten im Falle von Schüchternheit zu überprüfen: Es gibt Medikamente, die Fieber senken, ohne aber die zu Grunde liegende Krankheit zu bekämpfen. Diese Medikamente sind nötig, wenn die Beschwerden, die allein durch das Fieber hervorgerufen werden, zu sehr stören. In Situationen, in denen es ganz wichtig ist, auf dem Damm zu sein, wird man sich natürlich einmal solcher Medikamente bedienen. Weil diese Medikamente aber die dem Fieber zu Grunde liegende Erkrankung nicht heilen, können sie – unbedacht eingenommen – gefährlich sein. So würde ich es auch bei Sozialphobie und Schüchternheit sehen. Warum soll man die störende Symptomatik nicht in Momenten, in denen es besonders darauf ankommt, z. B. bei einem Vortrag, wirkungsvoll bekämpfen?

Schüchternheit kann tatsächlich mit Medikamenten behandelt werden. In sorgfältig geplanten Wirkungsstudien waren die kurzfristigen Wirkungen von kognitiver Verhaltenstherapie und von Medikamenten gleich, allerdings erwiesen sich die Besserungen durch eine Verhaltenstherapie als dauerhafter!

Die Behandlung mit Medikamenten sollte nach den Ergebnissen der Studien länger andauern als etwa bei einer Depressionsbehandlung und nach Besserung der Symptomatik noch sechs bis zwölf Monate fortgesetzt werden (Windhaber, 1998). So können in der beschwerdefreien Zeit gegebenenfalls neue Verhaltensweisen stabilisiert werden. Es gibt folgende Wirkstoffklassen mit den jeweils bezeichneten Handelsnamen der Medikamente:

a) Reversible Monoaminooxydasehemmer (MAO): Eine höhere Dosis von Moclobemid (600 mg) erwies sich als generell wirkungsvoll und hat wenig Nebenwirkungen. Abhängigkeiten treten nicht auf (z. B. Aurorix®).
b) Benzodiazepine: Clorazepam (78 % der Patienten mit Sozialphobie zeigten eine Besserung, z. B. Rivotril® und Alprazolam®). Nachteile: Das Medikament kann abhängig machen, und es entwickeln sich beim Absetzen möglicherweise Entzugssymptome, das heißt: das Absetzen muss mit einem langsamen Ausschleichen der Medikation vorgenommen werden In einer Studie von Davidson (1991) erlebten sozial-phobische Patienten damit gute Besserungen. Allerdings (s. o.) scheint man diese Medikamente, die ja auch gewisse Nebenwirkungen haben, dauerhaft nehmen zu müssen. Eventuell ist beim Absetzen mit Entzugssymptomen zu rechnen.
c) Selektive-Serotonin-Wiederaufnahme-Hemmer (z. B. Fevarin®, Fluctin®): Sie sind gut verträglich und wirksam, die Wirkung setzt allerdings erst nach zwei Wochen ein. In letzter Zeit berichten Psychiater (Kramer, 1993) von dramatischen Erfolgen mit Medikamenten (z. B. Prozac, Wirkstoff Fluoxetine, 20 bis 80 mg am Tag). Prozac wurde zur Behandlung von Depressionen entwickelt, dann zeigte sich aber bald, dass es auch bei Schüchternheit positive Wirkungen entfaltet.

Beta-Blocker wirken bei gelegentlichem Lampenfieber, wenn man sie wenige Stunden z. B. vor einem Auftritt nimmt; bei dauerhafter Schüchternheit sind sie weniger geeignet (sie müssen auf jeden Fall von einem Arzt verschrieben werden, weil es Kontraindikationen gibt).

Wie soll man die Einnahme von Medikamenten nun bewerten? Es gibt Situationen, in denen es darauf ankommt, z. B. bei Prüfungen, bei Treffen mit wichtigen Partnern und bei Vorstellungsgesprächen. Wer sehr unter Schüchternheit leidet, sollte vielleicht einmal mit den möglichen Medikamenten experimentieren, damit er weiß, wie er darauf reagiert und ob er so Erleichterung von seinen Hemmungen finden kann. Meiner Meinung nach sollte man aus der Ablehnung von Medikamenten keine Glaubensfrage machen. Warum soll man in wichtigen Situationen nicht hin und wieder zu solchen Hilfsmitteln greifen?

Die positive Stimmung gegenüber Medikamenten zur Behandlung von Sozialphobie ist aber auch interessengeleitet. Die Pharmaindustrie unterstützt pharmazeutische Studien, um neue Konsumentengruppen für ihre Produkte zu erschließen. Nach Blech (2004) ist dies auch gerade bei Sozialphobie der Fall gewesen. Die Selbsttherapie der Schüchternheit muss immer noch hauptsächlich darin bestehen, gegen die Hemmungen anzukämpfen, sich zu konfrontieren und unangemessene Gedanken abzubauen.

3.7.1 Medikamente gegen das Schwitzen

Schwitzen der Stirn, der Achselhöhlen oder der Handflächen ist eine häufige Begleiterscheinung von Angst und Schüchternheit. Das Schwitzen kann mit der Zeit immer schlimmer werden, so dass es anderen durch Schweißkringel unter den Achseln oder durch sehr feuchte Hände beim Begrüßen auffällt. Das kann den Betroffenen so peinlich werden, dass sie kaum noch die Hand geben wollen oder sich nicht trauen, anders als in weiten Pullovern aufzutreten (in denen sich keine Schweißringe bilden können). Auch dagegen gibt es Hilfen der kosmetischen Industrie und Medikamente, die in besonders wichtigen Situationen helfen können. Zum Beispiel verhindert ein wirkungsvolles Spray (Odoban-Spray) für einige Tage die Transpiration.

Sicher haben die Betroffenen schon versucht, mit Achselblättern den Schweiß ein wenig aufzufangen. Was man aber wissen sollte: Frischer Schweiß riecht gar nicht schlecht, erst im Laufe der Stunden zerfällt Schweiß, und dabei entsteht der bekannte unangenehme Geruch. Dem kann man ja durch häufigeres Wechseln der Hemden entgegenwirken.

3.7.2 Die Droge Alkohol

Alkohol enthemmt zwar, macht aber kurzfristig betrunken und langfristig abhängig. Daher ist Alkohol nicht nur ungeeignet, um Schüchternheit aufzuheben, sondern außerordentlich gefährlich. Bei einer bereits bestehenden Abhängigkeit ist eine Therapie oder auch ein Klinikaufenthalt angesagt. Selbsthilfe wurde oft versucht und ist allzu oft gescheitert.

Wenn Sie sich als gefährdet ansehen (eine männliche Leber verkraftet am Tag 90 ml Alkohol/eine weibliche 60 ml – das entspricht 1,5 Liter

Bier/1 Liter Bier, also drei bzw. zwei Flaschen Bier), dann versuchen Sie, einige oder alle folgenden Regeln einzuhalten:

- am Tag keinen Alkohol trinken
- alleine keinen Alkohol trinken
- nur Wein oder Bier trinken
- sich in Gesellschaften ein Limit setzen und die getrunkenen Gläser mitzählen
- gar keinen Alkohol trinken, wenn Sie Auto fahren
- im Urlaub nicht mehr Alkohol trinken als zu Hause
- im Tagebuch notieren, wie viel Alkohol Sie jeden Tag getrunken haben
- mit Lebensgefährten über das Alkohol-Problem sprechen und sie bitten, bei der Kontrolle mitzuhelfen
- mit kleinen Schlucken trinken (auch Bier)
- sich nicht nötigen lassen, mehr zu trinken, als man will; der starke Mann/die starke Frau zeigt sich da im Widerstand, nicht im Nachgeben

4 Die Sozialkontakte

Die Beziehung zu anderen, speziell zu fremden Menschen und noch stärker zum anderen Geschlecht, sind das Hauptproblem für schüchterne Menschen. Heute ist man überzeugt, dass es ihnen nicht generell an sozialen Geschicklichkeiten mangelt, sondern dass Sie einfach zu gehemmt sind, ihre vorhandenen sozialen Fähigkeiten umzusetzen. Es gibt aber auch Fertigkeiten, die in vielen sozialen Situationen brauchbar sind, die erst erlernt oder wenigstens geübt werden müssen.

Zunächst jedoch ein Wort zu den Reaktionen der Mitmenschen. Natürlich bezieht jeder deren Reaktionen auf sich selbst, sieht sich als Ursache solcher Reaktionen. Wer z. B. in der Vorlesungspause eine Mitstudentin zu einem Kaffee einlädt und eine Absage hört, der wird natürlich denken, „sie will mit mir nichts zu tun haben", „ich bin nicht attraktiv für sie" etc. Tatsächlich kann es für die Ablehnung ganz viele andere Gründe geben: 1. Sie ist selbst schüchtern. 2. Sie hat Kopfschmerzen. 3. Sie möchte in der Pause etwas Dringendes erledigen. 4. Sie hat einen eifersüchtigen Freund. 5. Sie hat Angst vor dem Gedränge in der Cafeteria. 6. Sie ist abgelenkt und hat gar nicht genau hingehört. 7. Sie hat gerade eine wichtige Nachricht erhalten und möchte darüber nachdenken. 8 Sie denkt, dass sie für so einen hübschen Einladenden viel zu unattraktiv ist. 9. Sie hat Angst vor einer Konversation. 10. Sie wartet auf einen wichtigen Anruf auf dem Handy. 11. Sie hat ihre „Tage" und will die Toilette aufsuchen. 12. Sie will nicht, dass ihre Freundinnen denken, dass sie leicht flirtet. 13. Sie will ihre Freundin treffen. 14. Sie will sowieso nichts mit Männern anfangen, weil sie lesbisch ist oder gerade eine schwere Enttäuschung hinter sich hat. Es fallen Ihnen bestimmt noch zehn bis 20 weitere Gründe für die Ablehnung ein, die nichts oder jedenfalls nichts Negatives mit Ihrer Person zu tun haben. Menschliches Verhalten kann ganz viele Gründe haben, und die wahren Gründe kennt man eben nicht. Am besten, man macht sich keinen Kopf darum und bleibt unverzagt.

4.1 Nützliche Geschicklichkeiten erwerben

Es gibt erlernbare Geschicklichkeiten, die im sozialen Kontakt nützlich sind. Zum Beispiel ist es außerordentlich nützlich, wenn man tanzen kann. Tanzen muss man lernen. Vielleicht lohnt es sich, in einen Tanzkursus zu investieren. Dann wissen Sie auf Feiern und Partys auf jeden Fall, dass Sie einige Situationen haben werden, in denen Sie gut aussehen. Das vermittelt Sicherheit.

Auf Dialoge kann man sich nicht vorbereiten, einen Witz aber kann man erzählen. Das macht anderen Freude, und Sie machen sich beliebt. Sie kennen den Witz ja schon und wissen, wie er wirkt. Allerdings darf Witze erzählen nicht ausufern. Die Witze, einen nach dem Anderen erzählt, verhindern das echte Gespräch und wirken in der Aneinanderreihung hölzern. Also sollten Sie für einen Abend eventuell einen oder zwei Witze parat haben, die Sie bei Gelegenheit erzählen können.

Beispiel:
Ein schüchterner Wissenschaftler, der dazu noch Statistik-Dozent war, also ein Fach hatte, vor dem sich andere Menschen eher fürchten, hatte sich angewöhnt, seinen Gesprächspartnern einen oder auch zwei Witze zu erzählen. Zunächst war er dabei etwas unbeholfen, aber mit der Zeit bekam er Übung darin. Auf Institutsfesten hatte er keine Schwierigkeiten, Gesprächspartner zu finden, ja, die hübschen jungen Assistentinnen standen um ihn herum. Er bedrängte sie nicht, sondern war, nachdem er einen Witz erzählt hatte, auch ein guter Zuhörer.

Gut kochen zu können, bringt manchmal etwas ein – oder auch ein Instrument spielen zu können. Wenn Sie sich noch für ein Instrument entscheiden wollen, so können Sie z. B. die Gitarre wählen. Die kann man zu Feiern, zu Besuchen und auf Reisen mitnehmen, und damit kann man Gesang und auch moderne Stücke gut begleiten. (Das andere Geschlecht liebt den Musikanten! Sie wissen, wie die Groupies die Band-Mitglieder umlagern.). Vielleicht macht es Ihnen auch Freude, Karten- oder andere Zauberkunststücke zu lernen. Und je nach Talent kann man anderen mit Porträtzeichnungen eine Freude machen.

4.2 Kommunikation

Mit anderen zu reden, ist dem Schüchternen schwer. Oft sitzen die Schüchternen in Runden und beteiligen sich nicht am gemeinsamen Gespräch. Nach kurzer Zeit liegen dann die Rollen fest, nun erwartet man von dem zurückhaltenden Mitglied der Runde schon gar keine Gesprächsbeiträge mehr. Es kommt der Moment, in dem man sich richtig ausgeschlossen fühlt.

Norbert im Chat.
„Ich denke, dass in einer solchen Situation – eine Gruppe von Leuten redet, und man selbst sagt eine Weile wenig und dann eigentlich gar nichts mehr – eine Zuspitzung entsteht, irgendwann ist subjektiv die Grenze zur Peinlichkeit überschritten, dann aber gibt es keinen Rückweg mehr ins lockere Reden …"

Die Unfähigkeit, etwas beizutragen, verstärkt die Minderwertigkeitsgefühle.

Michael schreibt im offenen Forum der Internetseite einer Selbsthilfegruppe.
„Dieses Gefühl, nicht zu wissen, was man sagen soll, kenne ich ebenfalls gut. Es kommt häufig aus der Angst heraus, was Falsches, Dummes oder Unpassendes von sich zu geben und sich damit zu blamieren. Und dann sagt man lieber gar nichts. Früher habe ich wie ein Karnickel auf die Schlange auf diejenigen geschaut, die frei und ungezwungen reden können. Deren Fähigkeit, etwas zu können, was ich nicht kann, hat bei mir zusätzlich die Ansicht bestätigt, ich sei einfach schlechter, unfähiger etc."

Die Teilnehmer der Chats und auch Menschen, die ich persönlich kennen gelernt habe, wählen manchmal die Möglichkeit, das Gespräch, an dem Sie nicht teilhaben können, abzuwerten:

Bertram.
„Also, bei mir ist das genauso … Ich find's schwierig, sich in solche eigentlich sinnlosen Gespräche einzufügen … Ich denk mir dann oft, was reden die fürn sinnlosen Scheiß … das interessiert doch keinen.

Bertram merkt aber doch, dass diese Ablehnung sich gegen ihn selbst wendet, er fährt nämlich fort:

„Ich find's für mich schon fast unmöglich, ein Thema anzuschneiden, weil ich umgedreht genauso wenig will, anderen mit meinem Thema auf den Sack zu gehen bzw. mich lächerlich zu machen … Ich seh ja bei den anderen, dass sie Blödsinn reden und merke ja, wie ich darauf reagiere, deshalb will ich nicht, dass andere genauso auf mich reagieren..“

Beispiel:
Gerd ist Bäckermeister. Er beklagt sich, dass die Menschen um ihn herum so banale, flache Sachen besprechen. Er fühlt sich wohl bei der Idee, er selbst suche das tiefsinnige Gespräch. Tatsächlich ist er kulturell interessiert und kann sich mit seiner akademischen Lebensgefährtin über Filme, über Bücher, auch über philosophische Ideen unterhalten. Mit Fremden schätzt er die Struktur, die ein Thema bietet, man weiß dann, was man sagen soll.

Allerdings kann er auch ganz entspannt blödeln, wenn seine Berufskollegen oder seine Freunde zu Besuch sind. Dann sucht er nicht das tiefsinnige Gespräch und macht Insiderwitze mit seinen Freunden.

Mancher tröstet sich also damit, dass er an seichten Gesprächen sowieso nicht interessiert ist. Die empfundene Sinnlosigkeit und Fremdheit des Gesprächs – an dem man nicht teilnimmt – hat aber vielleicht noch andere Ursachen. Oft drehen sich Gespräche nicht so sehr um den Inhalt, sondern über den offensichtlichen Inhalt werden andere Botschaften vermittelt – nämlich wie schön, wie sehr in ihrem Lebensvollzug berechtigt, wie gut und wie klug die Sprecher sind. Und nur wenn man sich am Gespräch beteiligt, mischt man dabei mit. Manchmal ist der Gesprächsanlass aber auch einfach der Wunsch, höflich zu sein, etwas Nettes zu sagen. Um „Inhalte" geht es nicht. Das kann regelrecht ein Missverständnis sein, man müsse zu dem offensichtlichen Inhalt etwas sagen. Häufig ist jeder Beitrag willkommen, der das Gespräch auf nette Weise am Laufen hält: Daher sind Gespräche eben oft so gedankenflüchtig. Das Ziel vieler Gesprächsrunden ist einzig das Gemeinschaftserlebnis „Sprechen". Das kann nur derjenige mit-erreichen, der auch mitspricht.

4.2.1 Menschen ansprechen, ein Gespräch beginnen

Im laufenden Gespräch flüssig und elegant zu sein, ist nicht so leicht. Einfach mal jemand anzusprechen, ist viel leichter. Vielleicht entwickelt sich ein kurzes Gespräch, an dem Sie ja auf jeden Fall schon mal beteiligt sind. Hier heißt es, einfach ins kalte Wasser zu springen. Sagen Sie (als Erster!) etwas zu Ihren Nachbarn, zu Fremden und Dabei-Stehern, vielleicht eine Floskel, vielleicht etwas Empathisches, zum Beispiel: „Mensch, warten wir schon lange!" Beobachten Sie die Antworten. Sie werden merken, dass manch ein Mitmensch auch schüchtern ist und vielleicht merkwürdig reagiert. Versuchen Sie, als Gegen-Antwort etwas Nettes zu sagen.

Es gibt allerdings auch Orte, an denen das unverfängliche Gespräch schwierig ist. In Discos z. B. weiß man ja, dass es um Kontakte zum anderen Geschlecht geht. Ein freundlicher Satz wird sofort zum Anlass genommen, sich die Frage zu stellen: „Könnte ich mir den als Partner vorstellen?". Es kann dann sein, dass man nun auf den freundlichen Satz eine überraschend feindselige Antwort erhält. Um aber einfach „abzuhängen" und ein wenig zu tanzen, mag eine Disco für Schüchterne gar nicht schlecht sein. Es ist so laut, dass Unterhaltungen nur sehr schwer möglich sind. Vielleicht ist es ja gerade deswegen so laut, weil sehr viele Jugendliche (und auch Erwachsene) im Gespräch mit dem anderen Geschlecht sehr gehemmt sind. Man kann alleine anfangen zu tanzen und beobachten, ob man einen anderen mit dem persönlichen Rhythmus ansteckt.

Auch ein Gespräch zu beenden, kann schwierig sein. Jemand redet auf Sie ein, und Sie wissen nicht, wie wegkommen, ohne unhöflich zu werden. Dies ist eine Durchsetzungssituation, die in Abschnitt 3.3.3 behandelt wird.

4.2.2 Fünf Rettungsringe der Kommunikation

Es ist leider nicht so einfach, dass ein paar gute Tipps fürs richtige Kommunizieren ausreichen, um aus dem Schüchternen einen eleganten Gesprächspartner zu machen. Dessen Problem ist ja nicht, dass er nicht kommunizieren kann, er scheut nur davor zurück. Daher werden hier auch nicht ganz allgemein Kommunikationsgeschicklichkeiten besprochen, sondern Tipps gegeben, wie eine Kommunikation trotz der starken inneren Hemmungen gelingen kann.

Es gibt einige Möglichkeiten, in der sozialen Kommunikation auf der sicheren Seite zu sein. Vielleicht kommen Sie dabei manchmal nicht voll auf Ihre Kosten, aber Sie wissen wenigstens, was zu tun ist, Sie können mitsprechen, Sie gehören dazu.

1. Rettungsring: Fragen stellen

Sie können einfach eine Frage stellen und sind zumindest mal mit im Gespräch. Der Befragte freut sich, weil man sich ja offensichtlich für sein Thema interessiert. Im normalen Gespräch sind Fragen oft aus eigenen Interessenslagen motiviert. Jemand reist z. B. nach St. Tropez. Ein anderer fragt: „Gibt es dort einen Campingplatz?" Jeder in der Runde weiß nun, dass der Fragende den Bericht über St. Tropez attraktiv findet und dass er dort gerne zelten würde. Dies ist eine übliche und völlig legitime Art, das Gespräch zu nutzen, um brauchbare Information zu erhalten. Wie kommt man also auf eine Frage? Man überlegt, ob man die Gesprächsinformation für sein eigenes Leben irgendwie nutzen kann und welche weitere Information man dann noch brauchte. Dann nimmt man sich die Freiheit, einfach danach zu fragen, ob das die anderen jetzt auch interessiert oder nicht (meist gibt es aber jemanden, den das auch interessiert!). Manchmal wird auch gefragt, um etwas Wertminderndes oder auch etwas Wertsteigerndes über den Erzähler zu erfahren. Neid oder Bewunderung, je nachdem, lugen dann hinter der Frage hervor. Als

Schüchterner ist es am sichersten, Fragen zu stellen, die den Erzähler oder das Erlebnis des Erzählers in einem guten Licht dastehen lassen, das ist genauso gut wie Komplimente machen. Beispiel: „Wie war denn das Essen in St. Tropez?“ Diese Frage gibt dem Erzähler gewiss Gelegenheit, positive Erlebnisse zu schildern.

Wenn Sie ein Gespräch in Gang halten wollen, sollten die Antworten auf Ihre Fragen allerdings nicht nur „ja“ oder „nein“ lauten können (testen Sie das innerlich leise!), sondern dem Gesprächspartner Gelegenheit geben, einige Sätze zu erzählen (Beispiel: „Sicher kann man allerlei erleben in St. Tropez, oder?“). Solche Fragen nennt man offene Fragen, weil die Antwort nicht von vorneherein festgelegt ist.

Wenn Sie eine Antwort auf Ihre Frage erhalten haben, brauchen Sie nur noch freundlich „aha“ oder „ja, danke“ oder „ja, sehr interessant“ zu sagen. Üben Sie es einmal, wirklich nicht mehr als eine solche Standard-Gegenantwort zu geben.

2. Rettungsring: Aktives Zuhören

Das aktive Zuhören ist eine Gesprächstechnik, die in der (Gesprächs-) Therapie Verwendung findet. Sie hat den Zweck, den Gesprächspartner zu ermutigen, weiter über sich nachzudenken, seine eigenen Themen weiter zu entwickeln. Beim aktiven Zuhören leistet man eigentlich gar keine eigenen Gesprächbeiträge, man konzentriert sich auf das, was der andere sagt, und gibt es mit eigenen Worten wieder. Das wird vom Gesprächspartner oft als sehr angenehm erlebt. Im Kern besteht das aktive Zuhören nur darin, dass man die Beiträge seines Partners mit anderen Worten wiederholt. Wenn man die Äußerung des Partners mit eigenen Worten formuliert, zeigt man, dass man ihn verstanden hat und dass man ihm zuhört. Daher wird diese Art von Begleitung in Gesprächen auch als sehr angenehm empfunden und eben gar nicht als künstlich oder papageienartig. Manchmal geschieht dies ohnehin spontan. Beobachten Sie Menschen, die als „gute Zuhörer“ gelten, dann werden Sie immer wieder diese Gesprächstechnik bemerken.

Allerdings muss man bestimmte Einstiege erlernen. Man kann nicht einfach unvermittelt zu einer Wiederholung (Widerspiegelung) ansetzen.

Der Einstieg in die Widerspiegelung der Gesprächsäußerung macht die Wiederholung zu einem natürlichen Gesprächsbeitrag.

Einstiege sind zum Beispiel:
„Du (Sie) denkst also, dass …" „Da hast du dass Gefühl, dass …" „Da bist du Dir ganz sicher/unsicher, dass/ob …
Der Einstieg kann den Charakter der Art der Äußerung auch genauer benennen:
„Daran kritisierst du also, dass …" „Da würdest du an der Stelle des anderen …" „Da stellst du Dir die Frage, ob …"

Es kann viele solche Einstiege geben. Sie müssen nicht mechanisch immer gleich lauten. Erst nach einen solchen Einstieg weiß der Partner, dass er nun einen Versuch hört, seine Äußerung wiederzugeben. Meist wird er dann sagen, ob die Wiederholung so gestimmt hat, oder er wird kleine Änderungen in der Formulierung vorschlagen. Oft führt diese Art der Spiegelung von Äußerungen dazu, dass der Partner weiterspricht und von sich aus neue, weitere Aspekte des Themas erläutert.

Nun zur Wiederholung selbst. Ich gebe jetzt drei Beispiele vor. Nach der Lektüre dieser Beispiele können Sie überprüfen, ob Sie schon selber zur Wiederholung in der Lage wären.

1. Beispiel:

Er: „Im Urlaub war es ganz toll. Schade, dass es schon wieder vorbei ist. Ich kann mich gar nicht an die Arbeit gewöhnen."

Sie: „Da hast du das Gefühl, dass es im Urlaub so schön war, dass du immer dort hättest bleiben können." Oder ohne Einstieg: „Diesmal war der Urlaub besonders schön, du würdest am liebsten gar nicht damit aufhören."

2. Beispiel:

Sie: „Eigentlich weiß ich in Gesprächen nie, was ich sagen soll, aber als ich neulich einmal eine Person aus dem Internet-Chat-Raum getroffen habe, kam ein richtig gutes Gespräch zu Stande."

Er: „Du freust dich (oder: du warst ganz überrascht), dass das Gespräch plötzlich so gut funktionierte."

3. Beispiel:

Er: „Ich habe mich getraut, einmal zu einem Treffen der Selbsthilfegruppe zu gehen, aber die kannten sich schon alle und haben mich gar nicht recht zur Kenntnis genommen."

Sie: „Da warst du enttäuscht, dass sie so auf sich konzentriert waren."

Im Folgenden lesen Sie drei Äußerungen ohne „Spiegelung". Finden Sie selbst eine Spieglung und vergleichen Sie die mit den Lösungen im Anhang 2 (vgl. S. 159).

1. Partner: „Komisch, wenn ich Schwedisch rede, bin ich ein ganz anderer Mensch, gar nicht schüchtern." Sie: ....
2. Partner: „Manchmal habe ich das Gefühl, dass Klaus mir gar nicht zuhört, der denkt an sein Segelboot oder was weiß ich. Was mich angeht, interessiert ihn gar nicht." Sie: ....
3. Partner: „Irgendwie ist die Schüchternheit mit der Zeit vorbeigegangen, ich weiß noch nicht einmal genau, wann das war, aber ganz plötzlich war sie dann weg." Sie: ....

Ich habe erlebt, dass Studentengruppen, die ich in dieser Technik unterrichtete, nach dieser kurzen Unterweisung ganz gut verstanden hatten, worum es geht, und selbst solche Spiegelungen produzieren konnten. Ich habe aber auch erlebt, dass es nicht so schnell funktionierte. Wenn Sie vor einem Versuch mehr Übung brauchen, können Sie auf Bücher zurückgreifen, die diese Gesprächstechnik ausführlich trainieren (z. B. Sander, 1999).

Man kann das aktive Zuhören sogar im fiktiven Gespräch mit sich selbst üben. Versuchen Sie es auch einmal in ihrem Schüchternheits-Tagebuch. Ich will es selbst spontan vormachen:

Beispiel:

Ich: „Früher war ich auch sehr schüchtern, ohne das aber richtig benennen zu können."

Ich als aktiver Zuhörer: „Du warst dir gar nicht klar darüber, dass du schüchtern warst."

Ich: „Ja genau, manchmal dachte ich, ich rege mich in sozialen Situationen auf, weil ich so engagiert bin. Auf jeden Fall wollte ich wohl auch vermeiden, diese Gefühle mir gegenüber als Angst oder Schüchternheit zu bezeichnen."

Ich als aktiver Zuhörer: „Du wolltest dich selbst eben nicht als ängstlich oder schüchtern sehen."

Ich: „Genau, ich dachte, dass ich mutig bin, und in einigen Situationen war ich das auch, zum Beispiel habe ich schon ganz früh alleine große Reisen gemacht."

Ich als aktiver Zuhörer: „Du warst eben nur in bestimmten Situationen ängstlich."

Ich: „Ja genau, zum Beispiel bei Referaten oder wenn ich als Kind Weihnachtsgedichte aufsagen sollte, vor fremden Leuten. Noch heute spreche ich ungern Fremde an und staune, wie locker andere darin sind."

Ich als aktiver Zuhörer: „Da fallen dir allerlei Situationen ein, die dir damals und auch noch heute schwer fielen bzw. schwer fallen."

Ich: „Ja, da fällt mir natürlich noch viel mehr ein. Die Angst, die ich hatte, in den Kindergarten zu kommen, aber andere Sachen konnte ich auch, zum Beispiel als Kind alleine einkaufen, das habe ich gerne gemacht."

Ich als aktiver Zuhörer: „Die Angst und die Zurückhaltung haben nicht über alle Situationen gegriffen. Manchmal konntest du auch auf Fremde zugehen."

Ich: „Ja, das stimmt. Jetzt erinnere ich mich, ich habe als Pfadfinder an Straßensammlungen für das Müttergenesungswerk teilgenommen und Fremde angesprochen und um eine Spende gebeten. Da hatte ich eigentlich immer großen Sammelerfolg, und ich habe das irgendwie auch ganz gerne gemacht."

Ich als aktiver Zuhörer: „In so einer klaren Situation, mit der Spendenbitte, war es kein Problem, Fremde anzusprechen. Im Gegenteil, du hast es genossen."

Ich, der Autor versichere, dass ich den Dialog spontan niedergeschrieben und im Nachhinein nichts verändert habe. Ich finde, dass ich mich mit meinem Ich als aktivem Zuhörer ganz gut unterhalten kann!

Sie müssen nun im wirklichen Leben nicht lange Gesprächspassagen auf diese Art aufrechterhalten. Aber probieren Sie es hin und wieder, bis Sie es leicht und ohne allzu viel Nachdenken können. Sie werden – vielleicht zu Ihrer Überraschung – bemerken, dass Sie so zu einem immer beliebteren Gesprächspartner werden. Auch wenn Sie nicht wissen, was Sie sagen sollen, können Sie nun zum aktiven Zuhören überwechseln und so mitreden.

3. Rettungsring: Komplimente machen

Die Alltagserfahrung und wissenschaftliche Untersuchungen zeigen, dass sich Komplimente sehr günstig auf die Entstehung und den Erhalt von sozialen Beziehungen auswirken. Dabei greift ein oft unbewusster Mechanismus: Wer ein Kompliment bekommt, strebt einen Ausgleich an. Das heißt: Wenn jemand freundlich zu mir ist, gibt es den gesellschaftlich wie auch biologisch begründeten Impuls, etwas von der Freundlichkeit zurückzugeben. Komplimente können allerdings, wenn sie unpassend, ungeschickt, unschicklich, übertrieben oder einfach unwahr sind, mehr schaden als nutzen. Sie müssen deshalb auf die soziale Situation und die Person des Empfängers abgestimmt sein.

Günstig ist es, sich über besondere Interessen und Fähigkeiten des anderen im Vorfeld zu informieren, also zu wissen, worauf der Mitmensch stolz ist. Wenn ich erfahre, dass der Gesprächspartner kürzlich einen guten Vortrag gehalten hat, er ein engagierter Motorradbastler oder Briefmarkensammler ist, dann kann ich ihn auf diese Leistungen ansprechen und ihn dafür bewundern. Die meisten Menschen berichten gerne von ihren Interessen und Stärken, freuen sich, wenn sie andere darüber belehren können und sind dankbar, wenn sie dafür Anerkennung und Komplimente bekommen.

Man muss dem Gesprächspartner unbedingt Raum geben, auf ein Kompliment zu reagieren. Zu dem Zweck ist es sinnvoll, an das Kompliment eine Frage anzuschließen. Wenn man etwa die Sprachkenntnis eines Partners lobt, kann man fragen, wo er denn die Sprache gelernt hat, ob er das beruflich einsetzen muss etc. Nun kann der Partner die Frage beantworten und indirekt auf das Kompliment eingehen, wenn er will. Er kann es auch lassen.

Dem Ranghöheren gegenüber wirken Komplimente natürlich schnell schmeichlerisch; sie sollten daher ganz besonders darauf überprüft werden, ob sie stimmen. Dennoch sollten Sie gerade Chefs, Lehrern, Professoren, Chefärzten gegenüber nicht auf Komplimente verzichten. Auch an exponierter Stelle hört man nur allzu oft Kritik. Chefs freuen sich dann umso mehr, wenn sie auch einmal gelobt werden. Wie gesagt, das Lob sollte (aus Ihrer Sicht) stimmen.

Manchmal sind Komplimente noch „wirkungsvoller“, wenn man sie gegenüber Dritten macht. „Direkt ins Gesicht gesagt“ wird das Kompliment einfach als höfliches und unverfängliches Sozialverhalten aufgefasst. Zusammen mit Dritten wird aber ganz anders gesprochen, da lästert man über Lehrer und Chefs, über Geliebte und Freunde. (Das ist ziemlich normal und allgegenwärtig; es entlastet, einfach mal die Wahrheit sagen zu können. Und wer glaubt, über ihn selbst werde hinter seinem Rücken nicht hin und wieder auch schlecht geredet, ist naiv.) Bösartige Zeitgenossen nutzen die aus Läster-Gesprächen gewonnene Information, um sich Liebkind zu machen. (Das klappt allerdings nicht immer: Man glaubt vielleicht, dass der Hinterträger einen letztlich auch verletzen möchte und nimmt also das „Petzen“ übel.)

Wie wär’s, wenn Sie nun hinter dem Rücken anderer einmal etwas ganz Ungewöhnliches tun würden? Sie machen Komplimente, erwähnen Tugenden und Kompetenzen nicht Anwesender – und Sie werden erleben, dass hin und wieder auch Lob und Anerkennung weitererzählt wird, was nun einen ganz anderen „Wahrheitswert“ als ein normales Kompliment von Angesicht zu Angesicht hat: denn hinter dem Rücken anderer – das weiß ja jeder – sagt man doch das, was stimmt! Gerade auch gegenüber dem anderen Geschlecht können Sie so Komplimente mit einer Bombenwirkung platzieren. Erzählen Sie der Freundin Ihrer Angebeteten, wie nett, klug und gut aussehend sie die Angebetete finden, die wird das garantiert weitererzählen. Dann haben Sie schon mal einen Stein im Brett.

Beispiel:
Komplimente hört man immer gern, auch wenn sie weit hergeholt scheinen. Bei einem Gespräch mit einem Handwerksunternehmer merkte ich, dass er wahrscheinlich schüchtern ist. Er hatte – sicher auch, um das Klima mit seinen Kunden zu verbessern – die Strategie entwickelt, Komplimente zu machen. Als er sich auf das Sofa setzte, lobte er die Polsterung und erwähnte, sich auch ein Sofa kaufen zu wollen. Uns gefiel das Lob besonders, weil wir dieses Sofa gerade erst erworben hatten (das Wohnzimmer roch noch nach dem neuen Leder). Im Verlauf des Gesprächs hob er hervor, wie schön es sei, auf mehreren Ebenen zu wohnen. Vielleicht hatte er zunächst darüber nachgedacht, wie es wohl sein mag, in einem kleinen Einfamilienhaus mit engen Treppen zu wohnen. Dann aber hat er seine Gedanken in ein Kompliment umgemünzt, das eigentlich ein wenig komisch ist. Aber im Gespräch haben wir das gar nicht bemerkt, sondern fühlten uns sehr freundlich behandelt. Nur deshalb, weil ich gerade einen Text über Komplimente schreibe, habe ich noch einmal über die Episode nachdacht.

Komplimente gegenüber dem anderen Geschlecht. Im Kontakt mit dem anderen Geschlecht sind Komplimente das Üblichste. Man will ja etwas vom anderen. Man findet ihn ja auch wirklich toll und liebenswert. Was liegt also näher, als ihn mit Komplimenten zu überschütten?

Bei ersten Kontakten, z. B. auf einer Party, sollten die Komplimente nicht gleich zu intim, zu körpernah sein. Eine Bemerkung eines Mannes zur schönen Bluse einer Frau kann schon zu anzüglich wirken (eine Frau könnte diese Bemerkung allerdings durchaus machen). Eine positive Äußerung zum Ring, den sie trägt, oder zu einer witzigen Äußerung wäre passender. Überzeugender als allgemeine Aussagen wie „Sie sehen aber blendend aus“ wirken konkrete und spezifische Aussagen. Beispiel: „Wo haben Sie denn diese chicen Schuhe bekommen?“

Viele Frauen sind für Männer im Prinzip attraktiv (dagegen ist nur ein geringerer Prozentsatz der Männer für die meisten Frauen attraktiv), so dass das Hervorheben der Attraktivität einer Frau von ihr leicht als „absichtsvoll“ durchschaut wird. Von dem, den sie liebt, möchte die Frau natürlich als attraktiv empfunden werden. Er kann nicht genug Komplimente machen.

Nun soll nicht der Eindruck entstehen, Komplimente machen sei insgesamt ein Minenfeld. Nein, meistens kommt man, wie gesagt, gut damit an. Eine kleine Vorsichtsmaßnahme zur Überprüfung des Kompliments ist es, sich in Gedanken das Kompliment schnell selber zu geben:

Wir wirkte es auf mich, wenn mein Kollege zu mir sagte: „Sie haben aber schöne Augen.“ Wahrscheinlich merkwürdig, und es würde die Frage nach sich ziehen, ob er körperlich an mir interessiert ist. Diese Art von Komplimenten vermeiden wir in dem Kontext also. Sagte er aber angesichts meines schönen neuen Autos „Sie verstehen es aber, das Leben zu genießen“, ja dann würde ich mich freuen – also kann ich dieses Kompliment auch verwenden.

Es ist durchaus angebracht, in Komplimenten kreativ zu sein und in einer Verhaltensweise des Partners etwas Positives zu entdecken. Vielleicht ist es sogar nötig, die Verhaltensweise oder ein Ereignis erst mal umzuinterpretieren, so dass etwas Positives daraus wird. Wenn zum Beispiel eine Aktion schiefgegangen ist, kann man daran durchaus die Bereitschaft loben, etwas Neues ausprobiert zu haben. Der Partner wird für die Rettung seines Selbstwertgefühls dankbar sein. Übung macht auch hier den Meister: Trauen Sie sich, damit zu beginnen! Nehmen Sie sich vor, morgen wenigstens drei Mitmenschen ein Kompliment zu machen. Es kann gar nicht schaden, die möglichen Komplimente vorher zu überdenken. Legen Sie sich aber nicht auf eine genaue Formulierung fest. Formulieren Sie spontan im Moment des Kompliments.

Was soll man selbst auf ein Kompliment hin sagen? Das fällt nicht nur Schüchternen schwer. Sagt man „ja prima, ich freue mich, dass ich diese Eigenschaft habe, diesen Eindruck mache“, wirkt das vielleicht überheblich. Besser man wiegelt höflich ab – auch weil man ja nie ganz sicher sein kann, wie ernst das Kompliment gemeint ist.

4. Rettungsring: Standardfloskeln

Wer sich unsicher fühlt, kann sich auf Standardfloskeln zurückziehen. Man muss sie aber auch kennen. Was sagt man eigentlich, wenn der Nachbar einen beim Autowaschen beobachtet und „Gleich kannst du bei mir weiterputzen“ herüberruft? Fällt Ihnen etwas ein? Richtig, da ist Freundlichkeit gefragt, es geht nicht um eine „wahre“ Aussage. Zum Beispiel könnte man lachend sagen: „Das würde dir gefallen, was?“ oder „Für dich mach ich das natürlich gerne“. Was sagt man, wenn die Nachbarn „Gute Reise“ und „Gute Heimkehr“ wünschen? Wieder geht’s um Freundlichkeit, und man sagt „Danke für die guten Wünsche“ oder vielleicht „Alles Gute daheim“. Es gibt nicht gerade wenige solcher Situationen, so dass hier keine Liste der Standard-Antworten stehen kann. Nach Region und sozialer Umgebung sind solche Standard-Anreden und (erwarteten) Standard-Antworten auch deutlich unterschiedlich. Suchen Sie sich deshalb Vorbilder: Achten Sie darauf, was die Alteingesessenen, was andere Nachbarn auf solche Anreden antworten. Das können Sie sich merken und bei der nächsten Gelegenheit ausprobieren (Abbildung 12).

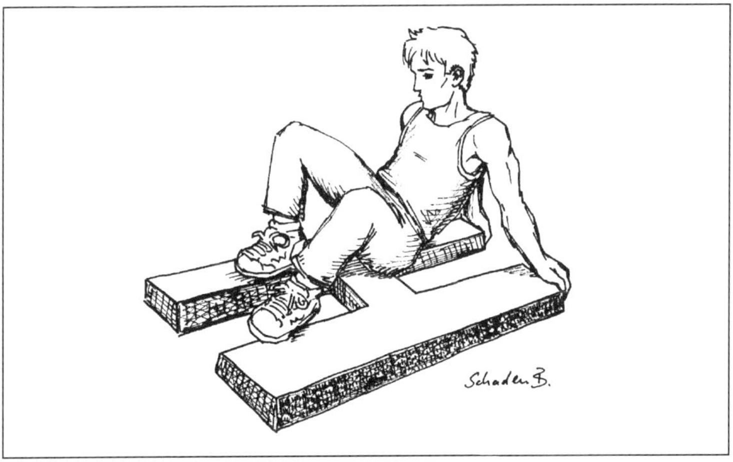

Abbildung 12: Im Sozialkontakt einfach nur „höflich“ sein und ganz festgelegte Interaktionen wählen, so wie das H-Schema der Schaltung eines Autos nur die möglichen Bewegungen auf einige ganz klare Möglichkeiten begrenzt.

5. Rettungsring: Ich-Botschaften

Man kann seine Meinung als unumstößliche Wahrheit sagen („Alle Kreter lügen") und ruft damit natürlich häufig Widerspruch auf. Irgendjemand ist immer in der Runde, der die Sache anders sieht, und reagiert vielleicht sogar aggressiv. Wenn man dagegen eigene Ansichten als „Ich-Botschaft" qualifiziert („Ich meine, alle Kreter lügen"), dann ist eingeschlossen, dass andere Mitmenschen eine abweichende Ansicht haben können. Das federt Aggression und Schärfe ab. Sie werden sich also wohler fühlen, wenn Sie eigene Meinungen in der Form einer Ich-Botschaft formulieren.

4.2.3 Die Möglichkeiten zu indirektem Kontakt nutzen

Brieffreunde: Brieffreundschaften kosten Zeit. Und weil auch zwischen Brief und Antwortbrief immer viel Zeit verstreicht, sind solche Kontakte heute nicht mehr sehr beliebt. Aber wie wäre es mit einer E-Mail-Freundschaft? Das ist eine „sichere", ungefährliche Kommunikation, bei der man mit einem anderen Menschen immer vertrauter wird. Vielleicht fällt dann ein späterer zwischenmenschlicher Kontakt leichter. In Schulen und Partnerschaftsprogrammen mit anderen Städten und Ländern werden solche Adressen vermittelt. Die neue Freundschaft ist ein schöner Ausweg aus der Einsamkeit.

Das Internet: Gibt man im Internet den Begriff „Schüchternheit" ein, kommen massenweise Treffer. Da gibt es viele Werbungen für Selbsthilfeprogramme und Selbsthilfebücher. Dort findet man sogar Chat-Räume für den Austausch mit gleichermaßen Betroffenen; das kann – wie eine Selbsthilfegruppe – sehr erleichternd sein, sich mit anderen Betroffenen zu vergleichen (eine Adresse ist: www.sozphobie.org). Interessant können auch andere Chat-Räume sein, z. B. solche für Singles. Wer den Suchbegriff „Schüchternheit" zusammen mit dem Namen des eigenen Wohnorts eingibt, findet leicht lokale Selbsthilfegruppen oder regionale Hilfeprogramme (z. B. Köln, Selbsthilfegruppe „Sozialphobie"). Allerdings birgt das Internet zwei große Gefahren: Einmal wird dort gelogen, dass sich die Balken biegen. Der nette junge Mann kann sich – nachdem die Telefonnummern getauscht wurden – als vorwitziger 13-Jähriger entpuppen, der sich an späteren Entwicklungsaufgaben üben wollte. Zum anderen ist der Chat natürlich kein wirklicher Sozialkontakt, aber er ist leicht und angstfrei möglich, so dass der Schüchterne vielleicht nur noch im Internet Kontakt zu anderen Menschen sucht, ja geradezu in Gefahr gerät, nach Internet-Kontakten süchtig zu werden. Die Schüchternheit kann aber nur im Kontakt mit wirklichen Menschen überwunden werden. Es ist daher sicher nützlich, sich ein Zeitlimit für Online-Kontakte zu setzen.

Das Handy: Das Handy bietet ebenfalls neue indirektere Kontaktmöglichkeiten. Wie schwer ist es doch, jemanden anzurufen, um zu fragen, ob er mit zu einer Party geht. Man ist dabei gehemmt, und man geht das Risiko einer direkten Absage ein. Heute kann man das mit einem kleinen Text, einer SMS, per Telefon abfragen. Der Angeschriebene hat Zeit nachzudenken, kann eventuell noch andere Einladungen abwarten und dann erst zusagen. Er hat gegebenenfalls die Zeit, sich eine nette Absage auszudenken. Wenn man dagegen im Telefongespräch sofort auf das Angebot reagieren muss, verunglückt die Kommunikation leicht. Auf eine SMS hin kann sich auch ein schüchterner Wunsch-Partner leichter ein Herz fassen, mit zu einer Party zu gehen.

4.2.4 Lernen, alleine zu sein

Die Schüchternheit wird immer wieder dazu führen, dass Sie alleine sind. In solchen Lagen kann es passieren, dass Sie sich sehnsüchtig die Gemeinschaft anderer Menschen wünschen. Man durchleidet die anscheinend selbst verschuldete Einsamkeitsphase.

Stellen Sie sich in solchen Momenten in Gedanken einen sozial beliebten Mitmenschen vor, der immerzu auf Einladungen ist, der andauernd von Freunden angerufen wird, bei dem spontan Bekannte klingeln, um zum Kaffee vorbeizukommen. Oder stellen Sie sich nur mal eine Mutter von vier Kindern vor. Beide, der kontaktfreudige Mitmensch und die geplagte Mutter, würden sich vermutlich über eine Zeit alleine sehr freuen und nun endlich einmal etwas „für sich tun". Es ist also nicht das Alleinsein, das unerträglich ist, sondern es ist das unfreiwillige Alleinsein – oder noch genauer: das ausgeschlossene Alleinsein. Wenn man sich vorstellt, ein Wochenende eingeschneit zu sein, wäre dieses von außen erzwungene Alleinsein gar nicht so schlimm. Man kann ja nichts dafür. In dieser Situation würde es nur darum gehen, sich die Zeit so schön und gemütlich wie möglich zu machen. Wie würden Sie sich übrigens die Zeit vertreiben, wenn Sie ein eingeschneites Wochenende allein in einer Alpenhütte verbringen müssten?

Also, wenn man denn nun – warum auch immer – allein ist, kann man es sich auch genauso gut schön machen. Auch alleine kann das Essen schmecken und der gute Wein munden. Sie könnten einen spannenden Film aus der Videothek entleihen. Sie könnten Ihre Lieblingsmusik hören. Alles das kann man natürlich nicht immer wieder genießen, nicht jedes Mal machen, wenn man alleine ist. Was also tun? Am besten, Sie erstellen für das Alleinsein eine Liste von Aktivitäten, so dass Sie sich vielleicht sogar schon auf das nächste Alleinsein richtig freuen können. Das Alleinsein kann also gut vorbereitet sein. So sollten Sie auch dafür sorgen, dass ein Vorrat interessanter Bücher da ist. Lesen kann man am besten ganz alleine! Vorbereitet sein heißt z. B. auch, dass Sie das Fernsehprogramm der nächsten zwei Wochen genau studieren und die Sendungen, die Sie wirklich mögen, anstreichen oder im Rekorder programmieren. (Alleine kann man schonungslos den eigenen Interessen frönen, seien dies nun Sportsendungen, Liebes- oder erotische Filme).

Man kann auch kreativ sein, Bilder malen, Gedichte schreiben etc. Vielleicht kann das eine oder andere Werk sogar mal als Geschenk dienen oder eine besonders gelungene Formulierung beim Kontakt zu einer Freundin/einem Freund nützlich sein.

Wer Lust hat, kann Meditationsübungen machen. Dabei können sehr brauchbare Fähigkeiten entstehen (z. B. die Fähigkeit, sich schnell willentlich entspannen zu können), die auch bei der Bewältigung von Schüchternheit helfen.

Auch das Internet bietet Möglichkeiten, die Zeit des Alleinseins angenehm zu gestalten (s. o.).

Wer seine Zeit alleine genießen kann, ist auf andere Menschen nicht so angewiesen, wird sich nicht so an andere klammern. Das macht den zwischenmenschlichen Kontakt ganz gewiss leichter. Wer gut mit sich alleine sein kann, kann auch gut mit anderen zusammen sein – nicht zuletzt deswegen, weil er über ein Repertoire interessanter Aktivitäten verfügt. Ein Beispiel: Wer lecker kochen kann, wird damit auch anderen eine Freude machen.

4.3 Schwierige Situationen

Im Folgenden werden einige besonders schwierige Situationen besprochen:

4.3.1 Einladungen

Sie erleben eine unüberwindliche Hemmung, eine Lähmung der Gedanken schon bei der Vorstellung des Festes, wie soll da ein Ratschlag zur Gesprächsführung helfen? Klar, der Rat muss einfach zu befolgen sein. Er muss sozusagen noch mit halbem Gehirn ausführbar bleiben. Zunächst geht es ums Eintreten, Guten-Tag-Sagen und Vorstellen. Viele, vielleicht alle, werden auf sie blicken. Sie müssen auf jeden Fall etwas sagen – und sogar relativ laut. Glücklicherweise gibt es für solche Situationen Floskeln, die schon deshalb gut geeignet sind, weil in diesem Moment ohnehin kein Mensch eine wichtige Mitteilung von Ihnen erwartet. Warum also nicht sagen:

„Guten Tag, ich freue mich, dass ich eingeladen bin“ oder „Guten Tag, und alles Gute zum Geburtstag“. Wahrscheinlich wird der Gastgeber auch eine solche Floskel verwenden: „Wie schön, dass Sie gekommen sind, wir haben uns ja lange nicht gesehen, wie geht es denn?“. Wieder wird keiner einen längeren Bericht ihrer Befindlichkeit erwarten. Tatsächlich sagt man einfach „Danke gut, ich freue mich auch“, sogar wenn es einem eher bescheiden geht und man am liebsten weglaufen möchte. In solchen Begrüßungssituationen kommt man mit wenigen Standardsätzen aus, die sie natürlich an Ihre soziale Umwelt anpassen müssen (in der Studentenwohngemeinschaft wäre der oben wiedergegebene Dialog zu steif, dort gibt es lockerere Formeln). Und lassen Sie sich nichts anderes entlocken! Man wird Sie als höflich, vielleicht als reserviert erleben – es ist aber auf jeden Fall bisher alles gut gegangen: Sie sind nicht blamiert, Sie haben weder rumgestottert noch etwas Unpassendes gesagt.

Nun werden Sie in die Gruppe entlassen. Laut und vernehmlich zu einer Gruppe Fremder zu sprechen, wäre undenkbar, zu einer fremden Person zu gehen und sie anzusprechen ebenfalls extrem schwierig. Am besten wäre, Sie könnten eine Weile einfach nur dabei sein und gar nichts sagen oder tun. Also, warum nicht eine Rolle oder Position suchen, in der das möglich ist?

- Sie haben z. B. einen Fotoapparat dabei, mit dem Sie sich beschäftigen können.
- Sie helfen beim Aufbauen der Speisen etc.
- Sie setzen sich auf einen Sessel oder Stuhl, der etwas einsam steht.
- Sie betrachten interessiert die Bilder, Bücher oder Möbel des Gastgebers.
- Sie treten ans Fenster und genießen den Blick nach draußen.

Vielleicht wäre es hilfreich, die Zeit zu nutzen, bei anderen Schwächen zu entdecken. Das klingt hämisch, weil es als unschöner Zug gilt, sich über die Schwächen der Mitmenschen zu amüsieren. Aber Sie haben eine gute Entschuldigung: Sie, der Schüchterne, fühlen sich ja am allerschwächsten – und wenn es andere etwas Schwache in der Runde gibt, wird es Ihnen schon besser. Was können das für Schwächen sein, die Sie beobachten? Natürlich unpassende Kleidung, zitternde Hände, Trunkenbolde, Angeber etc. Schwächen gibt es viele. Nach einiger Zeit, werden Sie sich besser fühlen – und könnten etwas zu einer Person sagen.

4.3.2 Kontakt mit Personen des anderen Geschlechts

Schüchterne Menschen bleiben manchmal einsam, weil sie Kontakte mit Personen des anderen Geschlechts panisch vermeiden. Vielleicht helfen in solchen Lagen ein paar Ratschläge, die sich aus der Forschung über den Aufbau zwischengeschlechtlicher Kontakte ergeben:

Wenn sich zwischen zwei Menschen etwas anbahnt, wenn sie sich von einem ersten Blick angezogen fühlen, folgt der weitere Kontakt einem gewissen „Ritual“. Man lächelt sich an. Das ist aber schwer, wenn man innerlich Panik empfindet. Vielleicht hilft es dann, wieder eine Rolle zu spielen, nämlich die Rolle eines liebevollen Elternteils: Lächeln Sie den reizvollen Partner einfach so an, wie man ein Baby anlächeln würde.

Möglicherweise ergibt sich dann ein Gespräch – die nächste Klippe des Kontakts. Was soll man nur sagen? Es ist beruhigend zu wissen, dass es beim Flirt gar nicht so sehr auf das „Was“ ankommt (wenn es nur ein wenig nett und höflich ist, vielleicht ein Kompliment?), sondern vielmehr auf die Sprachmodulation. Männer und Frauen verwenden in solchen Lagen hohe, aber stimmhaft modulierte Tonlagen. Signalisieren Sie also mit der Stimme, dass Sie Ihr Gegenüber mögen! Wenn sich die beiden mögen, die sich gerade neu kennen gelernt haben, wird es im Laufe des Gesprächs vielleicht zu leichten Berührungen an „harmlosen“ Körperstellen kommen, z. B. am Arm. Das passiert, indem vielleicht eine Fluse von der Jacke entfernt oder bei einer Frage die Schulter angetippt wird. Im weiteren Verlauf des Gesprächs, wenn die Zwei sich weiterhin mögen, synchronisieren sich die Körperbewegungen; das passiert fast automatisch, eine bewusste Steuerung wäre falsch und würde steif wirken. Allerdings sollte man für weitere Entwicklungen offen sein:

Beispiel:
Claudia erinnert sich, wie sie mit einem jungen Mann durch den Park schlenderte. Sie fand ihn sympathisch und wünschte sich, dass sich eine engere Beziehung entwickelt. Der junge Mann schien auch zugewandt und gab sich Mühe, ein Gespräch aufrechtzuerhalten. Als er aber im Gehen nach ihrer Hand griff, zog sie die Hand erschreckt und wie in einem Reflex zurück. Dies interpretierte der junge Mann als Ablehnung, und der Spaziergang endete ohne weitere Annäherung.

Das Anblicken und natürlich das Angeblickt-werden können bei Schüchternen gleichermaßen Panik auslösen. Therapeuten von schüchternen Menschen erleben dauernd, wie unsicher ihre Patienten im Blickverhalten sind. Entweder blicken die Schüchternen andere gar nicht an oder zu kurz (und wirken damit unhöflich und unwirsch) oder sie blicken starrend in die Augen der Partner (und wirken provozierend). Am liebsten würden Schüchterne den Blick senken und gar nicht in fremde Augen blicken. Gerade beim Flirten kommt es aber auf das richtige Augenblick-Maß an: Ein etwas längerer Blick in die Augen als normalerweise trägt in sich die Frage „Wie wäre es mit uns beiden?“. Ein viel längerer Blick in die Augen würde Dominanz und Beherrschungswillen ausdrücken. Der Versuch aber, Blicklängen bewusst zu kontrollieren, kann nur fehlschlagen: Die Aufmerksamkeit würde dann allein von der Blicksteuerung kontrolliert.

Niemals blickt man im Gespräch dauernd in die Augen des Partners; man streift den Blick kurz, um dann wieder einen anderen Fixationspunkt zu finden. Stellen Sie sich eine (geheime) Aufgabe, um das zu üben: die „Augendiagnose". Aus den hellen und dunklen Stellen der Iris wollen Sie etwas über Ihren Gesprächspartner lernen (könnten Sie die aus dem Gedächtnis beschreiben?). Wie ist die ganz genaue Bezeichnung der Augenfarbe? Halten Sie den Blick des Gesprächspartners aber auch einmal wenigstens so lange aus, bis dieser zuerst wegblickt!

Wer ein Treffen vorschlägt, geht das Risiko ein, dass der Gefragte ablehnt. Dies kann viele Gründe haben, zum Beispiel dass er schon einen (eifersüchtigen) Partner hat. Bei einer Aufforderung zum Tanz kann man „Körbe" vielleicht vermeiden, wenn man mit dem ins Auge gefassten Partner vorher freundlichen Blickkontakt hat. Man kann – sitzt man mit ihm an einem Tisch – vorher einfach fragen, ob er überhaupt Lust zum Tanzen hätte. Ein „Nein" wäre vom Fragenden ohne Gesichtsverlust zu ertragen, weil es ja keine Ablehnung einer Bitte (Aufforderung zum Tanz) wäre. Hat man aber einen richtigen „Korb" bekommen, so ist eine gewisse Zurückhaltung angebracht. Wenn Sie nämlich jetzt gleich den nächstmöglichen Kandidaten aufforderten, wirkte es, als wäre es Ihnen ganz egal, mit wem Sie tanzen. Der Gefragte, auch wenn er ablehnt, möchte aber eine „besondere" Person sein. Also gönnen Sie sich eine Auszeit.

Beispiel:
Im Internet-Chatroom stellt Manfred folgende Frage: „Ich kann schlecht Mädchen kennen lernen. Soll ich ein Mädchen, das ich kennen lernen möchte, mit den Worten ‚Ich finde dich interessant und möchte dich gerne kennen lernen' ansprechen?" - Den ersten Satz zu finden, stellt ein Problem dar, das viele beschäftigt, und so wird die Frage von Manfred in fast 30 Beiträgen behandelt. Übrigens sind es überwiegend Männer, die sich zu Wort melden. Eine Gruppe von Kommentatoren glaubt, man solle reden, wie einem der Schnabel gewachsen ist, Hauptsache, man sage etwas

und „ist wie man ist". Man versichert Manfred, dass man natürlich „Körbe" kriegen kann („ein gewisser Schwund ist immer", heißt es wörtlich), dass aber ab und zu auch ein „Treffer" dabei sei.

Ein Mädchen trägt Bedenken vor: „Soll man denn gleich mit so einer ‚Keule' anfangen? Wäre es nicht besser, man sagt etwas zu dem Event, etwas inhaltlich bezogenes?" Jetzt werden die Beiträge differenzierter. Es komme ja gar nicht so auf den ersten Satz an, man müsse ja auch noch einen zweiten und dritten Satz finden, und der sei dann nicht vorbereitet. Besser, man übe es, allgemein andere anzusprechen, Männer wie Frauen, und dann könne man das vielleicht ganz locker und habe dabei mehr Erfolg.

Traudel: „Ich würde mich gar nicht so darauf fixieren, einen bestimmten Spruch aufzusagen. Wichtig ist nicht so sehr, was du sagst, sondern wie du es sagst. Sehr häufig bietet die Situation selber einen Gesprächsanlass. Es kann natürlich trotzdem passieren, dass sie nicht aufgeschlossen ist für die Ansprache. Egal, du musst dich trauen, Leute anzusprechen. Lange Übung hilft dabei. Du wirst sehen, dass allein die Genugtuung über den Mut, den du aufgebracht hast, dich stolz macht: also trau dich!"

Carla, eine zweite Frau, meldet sich zu Wort: Mit dem Interessantfinden, das sei doch ganz unglaubwürdig, er kenne sie ja gar nicht, und es sei doch bei so einer Anmache klar, dass er ihr sowieso nur an die Wäsche wolle.

Meine Meinung: Ja, was Carola sagt, stimmt. Manfreds Spruch geht zu direkt aufs Ziel los. Wäre es nicht zum Beispiel besser, man würde erst mal in Erfahrung bringen, ob sie Single ist? Das würde das Risiko einer Ablehnung drastisch reduzieren (kann man aber auch noch nicht im zweiten Satz abfragen). Versetzen Sie sich auch in die Rolle des Mädchens. Sie hatte bislang keine Gelegenheit zu überlegen, ob sie diesen Jungen interessant findet. Vielleicht möchte sie jemand kennen lernen, aber sie will sicher nicht gezwungen werden, schnell auf eine so wichtige Frage zu reagieren. Würde sie gleich Ja sagen, wirkte das möglicherweise so, als wäre sie sehr unattraktiv und darauf angewiesen, jeden Dahergelaufenen zu nehmen!

Es ist falsch, in dieser Art wie Manfred aufs Ganze zu gehen. Der anfängliche Kontakt zu einem Mädchen sollte viel neutraler sein, eventuell genauso wie zu einem unbekannten Jungen. Vielleicht entwickelt sich dann später mehr! Das setzt den Kontaktsuchenden selber auch unter weniger Erfolgsdruck.

Manchmal wird ein wenig Mut belohnt:

Beispiel:
Miriam weiß noch, wie sie ihren ersten Freund kennen lernte. Sie hatten sich bei ihr zu Hause verabredet, etwas gegessen und saßen nun auf dem Sofa und gaben sich Mühe, ein Gespräch zu führen. Irgendwie war klar, dass man an dem Abend eine Partnerschaft beginnen würde, und schließlich wurde auch ausgesprochen, dass man sich lieb habe. Aber weder er noch sie konnte einen richtigen Anfang machen: Keiner traute sich, den anderen zu küssen, ihn zu umarmen oder wenigstens zu berühren. Erst als der Freund schon abfahren wollte, im letzten Moment, schafften sie es, sich zu umarmen und zu küssen. Damit war das Eis gebrochen. Im Nachhinein haben beide oft darüber gelacht, aber in der Situation selbst waren beide zu schüchtern gewesen, wirklich auf den anderen zuzugehen (nach Lamm, 2004).

5 Schüchternheit bei Kindern

Gerade Kinder sind oft außerordentlich schüchtern. Sie fürchten sich vor fremden Kindern und fremden Erwachsenen, sie wollen zum Beispiel auf keinen Fall in den Kindergarten oder in die Schule gehen. Dort allein gelassen, weinen sie oder sind völlig passiv und zurückgezogen.

5.1 Was kann bei der Erziehung von Kindern getan werden, um Schüchternheit zu vermindern?

Es gibt allgemeine Erziehungsstile, die Schüchternheit bewirken können. Ein Erziehungsstil, der mit Anordnung und Strafen operiert, ist bedrohlich und lässt das Kind Schwäche erleben. Dieser autoritäre Erziehungsstil erzeugt erwiesenermaßen Schüchternheit. Kann das Kind dagegen über Anordnungen und Maßnahmen sprechen, mit den Eltern „verhandeln" und hat dabei Einfluss auf das Familienhandeln (demokratischer Erziehungsstil), kann also auch das Kind ein wenig Kontrolle ausüben, so wird die kindliche Abhängigkeit und Unterlegenheit weniger schmerzlich bewusst. Beim Verhandeln über tägliche Ziele und Vorsätze lernen die Kinder eine unabhängige eigene Meinung zu formulieren und fassen Mut, die eigene Meinung auch an anderer Stelle zu vertreten, z. B. zu unangemessenen Wünschen von Fremden Nein zu sagen. Auch kleinen Kindern sollte schon erlaubt sein, ihren Ärger auszudrücken: Sie sollen ja auch lernen, sich durchzusetzen, und das können Sie nicht, wenn Sie vor jedem Widerspruch Angst haben müssen.

Allerdings und ganz unabhängig von solchen Erziehungsstilen: Wenn Eltern ihre Kinder gern berühren und herzen, geben sie ihnen ganz unmittelbar die Versicherung der elterlichen Liebe, die Versicherung von Schutz und Geborgenheit und wirken so der Schüchternheit entgegen. Wenn Kinder erfahren, dass sie unabhängig von Leistungen oder bravem Verhalten, also ganz bedingungslos geliebt werden, trägt dies zu einem guten Selbstwertgefühl bei.

Liebe kann sich auch anders ausdrücken. Wenn man zum Beispiel ein wenig Aufwand mit Geburtstagen treibt, schöne Feste mit geladenen Gästen ausrichtet, vermittelt sich dem Kind das Empfinden, etwas Besonderes, also wertvoll zu sein.

Beispiel:
Carla hat mit Franz drei Kinder. Für jedes gestaltet sie immer schöne Geburtstagsfeiern. Befreundete Kinder werden eingeladen, und es sind viele Spiele, Saft und Kuchen vorbereitet. Bei Spielen wie Topfschlagen und Eierhüpfen achtet Carla sorgfältig darauf, das jedes mitfeiernde Kind einmal gewinnt. Ihren Töchtern hat sie vorher erklärt, dass den kleinen Gästen das Kommen besonderen Spaß macht, wenn sie beim Topfschlagen die schönsten Geschenke gewinnen. Einmal hat sich Carla für die Kinderparty eine kleine Schnitzeljagd einfallen lassen, ein anderes Mal wurde ein begehrter Zeichentrickfilm gezeigt und eine Nachtwanderung unternommen. Auf jeden Fall: Die Geburtstage sind immer etwas ganz Besonderes. Jedes Kind freut sich darüber, dass nur für seinen Geburtstag so viele spannende Spiele vorbereitet werden. Obwohl der Vater der Kinder recht schüchtern ist, sind alle drei sozial sehr geschickt und können gut mit anderen Kindern umgehen.

Kinder (auch erwachsene Kinder) können gar nicht genug gelobt werden. Es ist sicher eine richtige Erziehungsmaßnahme, nicht immer nur Misserfolge hervorzuheben. Beim Lob ist es wichtig, das Lob auch in erklärenden Worten zu begründen, damit das Kind lernt, diesen Erfolg zu wiederholen.

Erstes Beispiel:
Generelles Lob (1a): „Prima, diesmal hast du ja ein gutes Zeugnis bekommen.“

Genaueres, qualifiziertes Lob (1b): „Prima, diesmal hast du ja ein gutes Zeugnis bekommen. Besonders hast du dich sicher über die Zwei in Mathe gefreut, weil du dich da extra angestrengt hattest und das nun belohnt wurde.“

Zweites Beispiel:
Generelles Lob (2a): „Da hast du ja ein schönes Bild gemalt.“

Genaueres, qualifiziertes Lob (2b): „Diesmal sieht man die Figuren von der Seite, da kann man richtig erkennen, dass die Figuren laufen, und sie stehen alle klar erkennbar vor dem Wiesenhintergrund.“

Das alles heißt natürlich nicht, Kinder nur auf Händen zu tragen und von allen häuslichen Pflichten zu befreien. Gerade die Übertragung von Aufgaben und damit von Verantwortung drückt ja auch Wertschätzung aus. Dabei sollten Vater und Mutter nicht nur solche Aufgaben delegieren, die ihnen selbst unangenehm sind, sondern auch Aufgaben, die ein wenig Spaß versprechen. Zum Beispiel ist es für Eltern angenehm, wenn Kinder den Müll heruntertragen oder eine Konservendose aus dem Keller holen, weil das eigene Anstrengung erspart. Natürlich dürfen solche Aufgaben gestellt werden. Es ist für Kinder aber sicher eine schönere Herausforderung, einmal selbstständig etwas einkaufen zu gehen.

Hier soll nicht einer Erziehung das Wort geredet werden, die vieles erlaubt und wenig dirigiert. Natürlich wird das Kind angehalten, seine Pflichten zu erfüllen, z. B. seine Schulaufgaben zu machen. Wichtig ist dabei nur, dass die Erziehungsmaßnahmen einsehbar sind. Kinder können verstehen, dass Eltern einen Beruf haben, um die Familie zu ernähren, und sie selbst eben den „Beruf“ haben, in der Schule zu lernen. Heranwachsende können bedeutungsvolle Rollen für die Gemeinschaft übernehmen, z. B. bei Greenpeace mitarbeiten, eine Jugendgruppe leiten oder einer Partei angehören. Solche Rollen aufzuzeigen und dazu zu ermutigen, ist auch Aufgabe einer Erziehung, die ein stabiles Selbstwertgefühl erzeugt.

Manchmal ist es gut, sich ein bisschen in Entwicklungspsychologie auszukennen, um den Kindern helfen zu können. So ist es beispielsweise gut zu wissen, dass es für Kindergruppen im Vorschulalter grundsätzlich kein Gesprächsthema ist, wenn ein weiteres Kind mitspielen möchte. Weder fragt die Gruppe, ob es mitspielen möchte, noch fragt das Kind selbst, ob es mitmachen darf. Meist schließt sich das Kind wortlos der

Spielgruppe an und versucht, das zu machen, was die anderen gerade machen. Eltern, die das wissen, könnten ihren schüchternen Kindern den nichtverbalen Eintritt in die Kindergruppe vormachen. Im frühen Kindesalter enden Freundschaften schnell, mal durch äußere Umstände wie Umzüge, mal weil die Eltern keine Möglichkeit mehr sehen, ihre Kinder hin- und herzufahren. Dies kann Leid und Selbstzweifel erzeugen. Das ist eine typische Krise der Entwicklung, die von Erwachsenen beobachtet und mit Trost und Verständnis begleitet werden sollte. Das Kind muss verstehen, dass es viele Gründe für das Ende einer Freundschaft gibt, und dass es dennoch als Person liebenswert ist.

Schüchterne Kinder wollen am liebsten alleine mit ihren Eltern sein, auf keinen Fall den Kindergarten besuchen. Sie wollen weder zu einer Kinderparty gehen noch andere Kinder einladen. Trotzdem sehnen sie sich nach Gemeinschaft. Als Eltern sollten Sie solchen Isolationsbedürfnissen nicht allzu sehr nachgeben. Eine ganz wesentliche Erkenntnis der Verhaltenstherapie besteht darin, dass Vermeidungsverhalten eine Symptomatik nicht bessert, sondern eventuell sogar noch verstärkt. Durch Isolation kann sich Schüchternheit verfestigen.

Der freundliche Erzieher wird also trotz des Widerstandes der Kinder durchaus Gelegenheiten zum sozialen Zusammen sein schaffen. Wie man diese Gelegenheiten so gestaltet, dass sie den schüchternen Kindern leichter fallen, wurde besprochen. Wenn vielleicht ein Klassenkamerad zur Geburtstagsparty auch 20 z. T. recht fremde Kinder einlädt, wird man die Party für das schüchterne Kind mit weniger und besser bekannten Freunden veranstalten.

5.2 Manche Erziehungsmaßnahme verstärkt auch Schüchternheit

Fernsehen verhindert normalerweise das Reden. All zu viel Fernsehen kann stumm und schüchtern machen. Es ist wichtig, über die gemeinsam gesehenen Programme zu sprechen.

Insgesamt tragen auch andere isolierende Aktivitäten zur Schüchternheit bei. Das ist nicht nur viel Fernsehen, sondern auch exzessives Computerspiel, exzessives Lesen (dies sind Aktivitäten, die vielleicht sogar schon von der Schüchternheit bewirkt werden). Es ist wichtig, dem Kind Zeit zu lassen, zwanglos mit anderen Kindern zusammen zu sein, um soziale Kompetenzen zu entwickeln. Dabei sind altersgemischte Gruppen gar nicht schlecht: Ältere schüchterne Kinder können bei den kleineren eine Führungsrolle übernehmen und sind dabei dann oft gar nicht schüchtern, die jüngeren schüchternen Kinder werden von den älteren etwas verständnisvoller behandelt und ins gemeinsame Spiel einbezogen. Dem älteren Kind kann es Spaß machen, der Beschützer des jüngeren zu sein. Auch Freunde beiderlei Geschlechts zu haben, ist nicht schlecht, weil es den Umgang mit einer gewissen Andersartigkeit trainiert und soziale Toleranz übt.

Wenn schon Disziplinierungsmaßnahmen ergriffen werden, sollte die Würde des Kindes gewahrt bleiben. Es gibt Eltern, die ihre Kinder vor anderen tadeln oder sogar schlagen und ironisch oder gar zynisch zu Ungeschicklichkeiten des Kindes Stellung nehmen. So kommt das Gefühl von Scham und Schutzlosigkeit zu Stande. Wahren Sie nicht nur die Würde von Erwachsenen, sondern auch die der Kinder.

Häufig kommt es zu Etikettierungen. Kinder müssen sich anhören: „Du bist eben ungeschickt“, „Du hast eben zwei linke Hände“, „Immer machst du dies oder jenes“ etc. Solche oft wiederholten Etikettierungen werden in das Selbstbild übernommen. Sie können sogar dazu führen, dass das Kind brav sein will und sich unbewusst bemüht, den Etikettierungen der Eltern zu entsprechen. So entwickelt es nun erst die Ungeschicklichkeit, die ihm oft nachgerufen wurde. Beschreiben Sie also solche Unfähigkeiten des Kindes höchstens als temporären Zustand.

Falsch wäre es also, zu sagen: „Du machst immer alles kaputt.“ Besser wäre: „Schade, das Glas ist kaputt, da warst du einen Moment unachtsam.“

In der Pubertät, aber auch schon früher, spielt das Aussehen eine große Rolle. Die Kinder vermeiden alles, was sie zu Außenseitern macht, denn sie wollen von der Altersgruppe akzeptiert sein. Auch wenn das den eigenen Normen widerspricht, sollte man den Kindern und Jugendlichen ermöglichen, wie alle angezogen zu sein. Das Kind, das in einer Klasse von Jeansträgern mit einer Bügelfaltenhose auftaucht, wird ganz sicher verspottet werden. Das Mädchen, das lange Wollsocken aus natürlichen Materialien tragen muss, wird sich deswegen vielleicht sehr schämen. Das heißt nicht, jeden Markenterror mitzumachen. Sicher gibt es etwas, das preiswert ist und in etwa wie die begehrten Marken aussieht. Verhandeln Sie mit Ihrem Kind akzeptable Lösungen.

In der Pubertät orientieren sich Kinder an den Normen ihrer Altersgruppe. Wenn sie populär sein wollen, werden sie versuchen, sich wie alle anderen Gleichaltrigen zu verhalten, und dabei kann es zu einem „schlechtem Einfluss" kommen. Vielleicht ist es in der Freundesgruppe üblich, viel Sex zu haben, zu rauchen oder Drogen zu nehmen. Der Einfluss der Eltern ist nun ohnehin geringer geworden. Es könnte sein, dass schüchterne Kinder ganz besonders unter den Druck der Gruppe geraten, weil sie keinen anderen Weg sehen als den der Konformität, um die Anerkennung der Gleichaltrigen zu gewinnen. In dieser Zeit ist es gut, wenn Eltern über die Konflikte der Erziehung hinaus ein freundschaftliches Verhältnis zu ihren Kindern bewahrt haben und immer noch als Ratgeber und Gesprächspartner akzeptiert werden. Auch dies wird mit einer Erziehung, in der die Bedürfnisse der Kinder verhandelt wurden, leichter gelingen.

Viele Kinder leben alleine mit einer Mutter oder einem Vater. Die allein Erziehenden müssen die Familienabläufe organisieren, müssen Disziplin fordern, erziehen und gleichzeitig liebevoll und ermutigend sein. Manchmal gehen dann in all der hektischen und stressigen Tagesorganisation die schönen Zeiten unter, und man nervt sich nur noch. Allein Erziehende sollten sich dieser Gefahr bewusst sein und Zeiten einplanen, die man sich einfach schön macht: Gemeinschaftsstunden, die den guten emotionalen Kontakt zwischen Erzieher und Kind festigen, Stunden, in denen es nicht um Maßregelungen, Hilfsdienste im Haushalt und Schulnoten gehen darf.

5.3 Kritische Situationen im Entwicklungsverlauf

Die Einschulung kann für das schüchterne Kind eine große Belastung sein. Es ist also gut, wenn wenigstens ein Elternteil am ersten Tag mitkommt. Die Schulen bieten heute eine solche ausschleichende Teilnahme am Unterricht an. Auch die traditionelle Schultüte macht den Übergang leichter.

Im täglichen Schulbetrieb kann dann allerdings manches passieren, was die Schüchternheit verstärkt, ja zementiert. Viele Lehrerinnen und Lehrer geben ihr Bestes und empfinden Zuneigung ihren Schülern gegenüber. Sie versuchen, Verletzungen von ihnen fernzuhalten. Aber manchmal schleifen sich auch bei ihnen ganz unbemerkt Gewohnheiten ein, die dem Selbstbild der Kinder nicht zuträglich sind. So kommt es vor, dass Lehrer negative Bewertungen abgeben: da wird der eine als faul, die andere als dumm bezeichnet etc. Die Schule hat natürlich auch ganz offiziell negative Zuschreibungen, die, einmal verteilt, sehr schwerwiegende Konsequenzen haben können. Kinder werden z. B. als „erziehungsschwierig“ oder „lerngestört“ bezeichnet und kommen unter Umständen nur deshalb in Schulen für Erziehungsschwierige, weil sie sehr schüchtern sind. Das schüchterne Kind nämlich meldet sich nicht, ist zurückgezogen, ist gehemmt, wenn es aufgerufen wird, und wird – bei oberflächlicher Betrachtung in großen Schulklassen – manchmal einfach als weniger leistungsfähig etikettiert.

Tatsächlich werden schüchterne Kinder von Lehrern leicht für weniger intelligent gehalten. Wenn diese Kinder sich ausnahmsweise mal im Unterricht melden, werden sie nicht beachtet, weil der Lehrer sich schon daran gewöhnt hat, dass sie keine Beiträge liefern. Schüchterne Kinder bitten nicht um Hilfe, und wenn sie ausnahmsweise danach suchen, bekommen sie keine.

Beispiel:
Lisa beschreibt – mit bewundernswertem Mitgefühl – einen Fall, der Staunen erweckt: „Mein Schulkamerad Fabian ist ganz extrem schüchtern. Von ihm weiß kaum jemand was, weil er einfach nicht redet. Er schreibt nur Einsen, ist also sehr intelligent, hat mit einem anderen aus meiner Stufe eine eigene PC- oder Internet-Firma gegründet. Also dürfte er von seinen Fähigkeiten her eigentlich keine Minderwertigkeitskomplexe haben. Er spricht absolut kein Wort mit irgendeinem Lehrer. Selbst bei meiner Philosophie-Lehrerin, die wirklich sehr viel Rücksicht auf ihn nimmt, hat er kein Wort von sich gegeben, als sie ihn aufgefordert hat, etwas zu sagen, egal was, nur damit sie ihm keine Sechs im Mündlichen geben muss.“

Selbst der begabte Fabian muss also wegen seiner Schüchternheit schlechte Noten in Kauf nehmen. Lehrer schlagen manchmal vor, das Kind könne eine Klasse wiederholen, also sitzen bleiben. Dies ist eine Standardmaßnahme der Schule, die bei Minderleistungen gewählt wird. Für schüchterne Kinder ist das Wiederholen allerdings weniger hilfreich. Sie kennen ihre alte Klasse nun eine wenig und fühlen sich dort relativ sicher. Der Eintritt in eine neue Klasse würde ein ganz gewaltiger Stress werden – und zudem mit einer Beschämung beginnen, nämlich mit dem negativen Label „Sitzenbleiber". Wenn sich also das Sitzenbleiben vermeiden lässt, sollte gerade dann, wenn übermäßige Schüchternheit die Ursache für schlechte Schulleistungen ist, davon abgesehen werden. Genau so schlimm wie Klassenwiederholungen sind natürlich Schulwechsel.

Möglicherweise erreichen Eltern bei der Bewältigung von Schüchternheit eine gewisse Kooperation von der Schule: So könnte man etwa mit den Lehrern verabreden, dass ein schüchternes Kind eine Eingewöhnungszeit bekommt, in der es nicht so häufig aufgerufen wird. Man könnte den schüchternen Schulanfänger neben ein Mentor-Kind setzen, das sich bereit erklärt hat, ein wenig zu helfen. Man könnte vereinbaren, dass das schüchterne Kind einmal die Klasse verlassen darf, um mit dem Handy die Mutter anzurufen etc.

Auf Elternsprechtagen und überhaupt in Gesprächen mit den Lehrern könnten Sie alternative Etikettierungen gegen das Etikett „stumm und lernschwach" setzen. Sie können Ihr Kind als „beherrscht", als „Denker", als „ein Kind, das nicht unbedacht und impulsiv eine Antwort gibt" bezeichnen. Lassen Sie negative Etikettierungen durch Schule und Lehrer nicht unbeantwortet stehen! Ein Nebeneffekt: Sie halten dabei zu ihrem Kind. Ganz bestimmt wird das von Ihrem Kind bemerkt, und es wird dessen Sicherheit und Selbstwertgefühl erhöhen.

Lehrer genießen es manchmal, ihre Macht und Disziplinierungsmaßnahmen zu zelebrieren. (Tatsächlich haben Lehrer, die Disziplinierungen gegenüber Schülern nur unter vier Augen und leise aussprechen, mehr disziplinarischen Erfolg.)

Meistens ist es gar nicht so leicht, von den Kindern zu erfahren, was in der Schule vorgefallen ist. Sie schämen sich, haben vielleicht Angst vor zusätzlicher Strafe durch die Eltern. Um ins Gespräch über die Schulsituation zu kommen, hilft es möglicherweise, wenn Eltern aus ihrer eigenen Schulzeit erzählen und so den Austausch von Information ermutigen. Darüber hinaus ist es vielleicht aufschlussreich, sich von den Kindern berichten zu lassen, wie Lehrer Klassenkameraden disziplinieren. Gab es Einzelkritik vor der Klasse, mussten sich Schüler in die Ecke stellen? Kam es dazu, dass die ganze Klasse über einzelne Kinder lachte und der Lehrer das billigte? Wenn das der Fall ist, kann man dieses Verhalten – so freundlich wie möglich – bei Elternsprechtagen ansprechen. Sowohl was die Etikettierung anbelangt als auch in der Beurteilung von Erziehungssituationen muss man es allerdings als (vielleicht selbst auch schüchterner) Elternteil schaffen, sich von der Expertise der Lehrer unabhängig zu machen, die eigene Meinung klar zu vertreten und die Punkte, die man sich vorgenommen hat, auch wirklich anzusprechen. Manchmal hilft es, sich einen Zettel einzustecken, auf dem die Themen notiert sind, die man ansprechen möchte.

Folgende Vorgänge sollten Sie aufmerken lassen:
- Gibt es Einladungen oder Geschenkverteilungen oder Sonderveranstaltungen, an denen nicht alle Kinder teilnehmen dürfen?
- Gibt es Auswahlprozeduren, bei denen Kinder als nicht gewählte Kandidaten vor allen anderen bloßgestellt werden?
- Kann der Lehrer die Klasse kontrollieren, oder gibt es Mobbing und andere vom Lehrer unkontrollierte Vorgänge innerhalb der Klasse?
- Hat der Lehrer realistische Erwartungen oder demütigt er Kinder, weil sie seinen hohen Erwartungen nicht genügen?
- Hat der Lehrer Temperamentsausbrüche, in denen er Kinder unkontrolliert beschimpft?
- Braucht der Lehrer Sündenböcke, sind es z. B. immer dieselben Kinder, die bestraft werden oder negative Konsequenzen erleiden müssen?
- Zieht der Lehrer oft Vergleiche zwischen den Kindern, z. B. indem er sagt: „Dein Freund kann das aber viel besser, er macht Dir das jetzt vor“ etc.?

Natürlich sind Lehrer auch Menschen und reagieren – trotz aller Professionalität – mit Sympathie und Antipathie auf die Schüler. Es kann nichts schaden, wenn Lehrer das schüchterne Kind ein wenig mögen. Wie in der Beziehung zum anderen Geschlecht kann man dieses Mögen durch Komplimente fördern. Ermutigen Sie Ihr Kind, dem Lehrer gelegentlich ein Kompliment zu machen, wenn ihm im Unterricht etwas gefallen hat. Vielleicht auf dem Pausenhof oder beim Verlassen der Klasse könnte das Kind sagen, dass ein Stoff besonders interessant war, dass dieser besonders fesselnd dargestellt wurde, dass es viel Mühe gemacht haben muss, den Stoff vorzubereiten oder dass die Zeit in der Stunde ganz besonders schnell verstrichen sei. Das Kind könnte sagen, dass man generell gern Unterricht bei diesem Lehrer hat etc. Allerdings sollten solche Komplimente dann gemacht werden, wenn das Kind mit dem Lehrer alleine ist. Andere Kinder könnten das sonst als Anbiederung („der schleimt sich ein") verstehen und als Anlass für Hänseleien nehmen. Seien Sie Ihrem Kind ein Vorbild in der Anerkennung der Leistungen anderer Menschen und in der Verbalisierung dieser Anerkennung.

Das Mobbing in der Schule, also das dauerhafte Hänseln und Ausschließen eines Mitschülers, hat in jüngster Zeit zugenommen. Manchmal sind es nur äußerliche Merkmale, die einem Kind die Achtung der anderen kosten, z. B. wenn es Kleidung tragen muss, die gerade gänzlich unmodisch ist (ich denke dabei zurück an meine eigene Schulzeit und an die langen Strickstrümpfe, die ich im Winter tragen musste und derentwegen ich verspottet wurde).

Die „Fernsehkinder" der heutigen Zeit sind oft körperlich nicht mehr so fit und geschickt wie vorhergehende Generationen. Fitness und körperliches Geschick geben jedoch Selbstsicherheit. Und die körperliche Geschicklichkeit der Mitschüler wird von den Klassenkameraden nach wie vor sorgfältig beobachtet und trägt erheblich zum Rang innerhalb der Schulklasse bei. Daher ist es gerade für das schüchterne Kind nicht falsch, sportliche Hobbys zu pflegen, die direkt auf das Selbstwertgefühl wirken können: z. B. Kampfsportarten wie Judo und Karate oder Sportarten wie Tischtennis und Fußballspielen, die Balance und motorische Geschicklichkeiten entwickeln. Dabei gilt, dass manche Geschicklichkeiten (z. B. die beim Fußball, Tischtennis oder Judo erworbenen) brauchbarer sind als andere, weil sie auch in der Schule gefragt sind. Jonglieren, Baseball und Kricket stehen in Deutschland nicht auf dem Unterrichtsplan. Wenn Sie etwas gegen die Schüchternheit Ihres Kindes unternehmen wollen, fragen Sie sich also, ob die ins Auge gefasste Sportart in der Altersgruppe nützlich sein kann. Ist ein Kind ganz unsportlich, können aber auch andere Kompetenzen Anerkennung verschaffen: Wer

Schach, Skat und Doppelkopf beherrscht oder natürlich das Computerspiel, hat es oftmals leichter, in Altersgruppen zu bestehen. Ein Kind, das sich in Sachen Computer gut auskennt, wird bald zum unentbehrlichen Helfer für Mitschüler und sogar Lehrer. Manche Musikinstrumente wie Gitarre oder Schlagzeug eignen sich zum Einsatz in (Jugend-)Gruppen, andere wie Klavier oder Querflöte weniger. Wenn das – schüchterne – Kind gerne ein gruppentaugliches Instrument lernen möchte, sollten Sie das zulassen. Musik ist ein schönes Erlebnis für die Gemeinschaft, und die Gruppe erkennt entsprechende Fähigkeiten an.

Nach Grundschule und weiterführenden Schulen hat der Jugendliche viel Erfahrung mit „Bildungsanstalten" gesammelt, aber der eventuell angestrebte Übergang zur Universität ist gerade für schüchterne Jugendliche wieder besonders schwer. Dort ist man nur einer unter Tausend, man kommt in eine Welt mit fremden Menschen, am fremden Studienort wartet vielleicht die Einsamkeit.

Da heißt es also, mit sich alleine zurechtzukommen. In dieser Aufforderungssituation kommt es nun dazu, dass einige Jugendliche bzw. junge Erwachsene ihre Schüchternheit überwinden, andere aber so bleiben oder sich sogar noch verschlechtern: 40 Prozent der Studenten werden weniger schüchtern, 40 Prozent bleiben so schüchtern wie sie sind, 20 Prozent verschlechtern sich sogar noch.

Schüchternheit kann eine Barriere für den späteren Erfolg darstellen. Im Studium treten Schüchterne nämlich manchmal noch weiter zurück und werden immer einsamer. Sie melden sich in Seminaren nicht zu Wort, so lernen sie die Dozenten nicht kennen, die ihnen Empfehlungen und Tipps geben könnten. Auf dem Campus werden die Beziehungen geknüpft, die für das ganze Berufsleben wichtig sein können. Später, unter dem Druck der beruflichen Konkurrenz, ist es sehr viel schwerer, Bekannte oder gar Freunde zu finden.

Manchmal ist aber gerade der Übergang zur Universität eine Chance zur Veränderung. Der Schüchterne kann die Anonymität nämlich auch nutzen. In den alten Schul- und Freundschaftsgruppen waren die Rollen relativ festgelegt. Die Gruppe hatte längst zwischen beliebten und weniger beliebten, zwischen extrovertierten und introvertierten Mitgliedern unterschieden. Die Individuen waren dauerhaft auf bestimmte Rollen festgelegt. In der neuen Studentengruppe ist der Schüchterne ein unbeschriebenes Blatt. Vielleicht ist das der Moment, einige der basalen Verhaltensweisen des extrovertierten, ungehemmten Kommunikationspartners probeweise zu „spielen". Handeln Sie so, als wären Sie nicht schüchtern, lächeln Sie, nehmen Sie Augenkontakt auf, sprechen Sie – auch in Seminaren – mit lauter Stimme. Vielleicht wird aus der gespielten Rolle bald die echte Person (s. o.).

Der Kontakt mit dem anderen Geschlecht ist besonders schwierig und in diesem Buch ja auch an verschiedenen Stellen schon abgehandelt.

Zunächst gilt es, mit einer relativ fremden Person eine Verabredung zu treffen. Da gibt es nun ein paar Dinge, auf die man sich einstellen kann, die man wissen sollte:

- Sie müssen dem/der Angesprochenen den Freiraum lassen, den Vorschlag zu einer Verabredung abzulehnen, und Sie sollten sich vorher überlegen, wie Sie mit einer Ablehnung umgehen wollen. Man weiß ja, dass man nicht jedermanns Typ sein kann. Mancher Ansprechpartner ist gebunden, ohne dass dies gleich offensichtlich ist. Da gibt es vielerlei Gründe für eine Ablehnung, daher ist vielleicht sogar eine Ablehnung eher als eine Annahme der vorgeschlagenen Verabredung zu erwarten. Sie sollten nun denken: „Schade, aber das war die zu erwartende Ablehnung; ich werde eine andere Gelegenheit suchen."
- Auf keinen Fall dürfen Sie den Wunschpartner drängeln oder quengeln. Dass setzt ihn unter Druck und macht eine harsche Ablehnung umso wahrscheinlicher. Wenn es aber klappt: vgl. S. 126 f.
- Viele Menschen scheuen sich, solche Verabredungen allzu sichtbar für die Umgebung zu treffen, und das hat einen guten Grund. Wer will sich schon mit jemanden verabreden, der von anderen Körbe bekommen hat? Also kann ein offensichtlicher Misserfolg dazu führen, dass Sie in der Folge für einen ganzen Kreis von Menschen ausfallen. Also: Gestalten Sie erste Verabredungen so, dass es kein öffentlicher Misserfolg werden kann. Fragen Sie die Auserwählten, wenn sie allein sind oder beginnen Sie mit sehr kleinen Schritten (s. u.).
- Ohnehin ist es günstig, zunächst „kleinere" Treffen zu arrangieren, z. B. ein gemeinsames Kaffeetrinken in der Seminarpause oder auch nur ein Gespräch im Flur über Inhalte oder Verlauf des Seminars.
- Der Vorschlag für eine abendliche Verabredung sollte sich nicht auf einen sehr nahen Termin beziehen. Viele haben schon kurzfristige

Pläne und müssten deshalb absagen, außerdem könnte der Vorschlag so wirken, als suchten Sie einen Ersatzpartner für einen „Ausfall".

- Wahrscheinlich ist es auch hilfreich, bei einem Treffen mit Personen des anderen Geschlechts nicht so sehr die romantisch-erotische Komponente im Auge zu haben und darauf loszusteuern, sondern den anderen vielmehr als Mitmenschen verstehen zu lernen. Daraus kann sich dann natürlich eine erotische Beziehung entwickeln, vielleicht sogar eher, als aus einem schnell angesteuerten Abenteuer heraus.

5.4 Einzelne Maßnahmen gegen Schüchternheit von Kindern und Jugendlichen

5.4.1 Das Kind entscheiden lassen

Eine Methode, Schüchternheit zu überwinden, ist es, sich ängstigenden sozialen Situationen auszusetzen. Also ermutigen Sie Ihr Kind, vor anderen zu sprechen, etwas aufzuführen oder ein Gedicht aufzusagen. Wenn diese Aktivität jedoch Panik auslöst, ist die Schüchternheit hinterher vielleicht noch schlimmer als vorher. Lassen Sie Ihr Kind selbst bestimmen, ob es nach der Vorbereitung wirklich zu einem Vortrag kommen soll. Sprechen Sie darüber, dass Angst und Besorgnis direkt vor einem Auftritt am schlimmsten sind und wie es im Laufe des Auftritts – wenn alles gut läuft – immer besser wird. Lassen Sie dem Kind direkt vor einer solchen Aufgabe aber noch einmal die Wahl. Wenn das Kind im letzten Moment signalisiert, dass es ihm unmöglich erscheint, dann kommt es eben nicht zu der kleinen Vorführung! Wenn Ihr Kind aber signalisiert, dass es einen Versuch wagen möchte, dann wird es auch selbst Verantwortung für seine Entscheidung und für das Ergebnis übernehmen.

5.4.2 Inneres Sprechen kontrollieren

Schüchterne Menschen lenken die Aufmerksamkeit besonders stark auf sich selbst. Sie überlegen dauernd, welchen Eindruck sie wohl auf andere machen, und schämen sich, wenn sie glauben, keinen so guten Eindruck zu hinterlassen. Es kommt in der Folge zu inneren negativen Selbstbewertungen wie „Alle merken, dass ich nichts sagen kann" oder allgemeiner „Ich werde nie Freunde finden, weil ich mich mit anderen nicht unterhalten kann". Schlechte Selbstbewertungen aber drücken auf die Stimmung, verstärken die Hemmung noch und sind dann selbst Ursache für anhaltende Schüchternheit. Daher ist es sinnvoll, die inneren Monologe mit ihren Selbstbewertungen zu beeinflussen. Üben Sie mit Ihrem Kind, sich selbst positiv zu bewerten – und geben Sie ihm bei Bedarf Anhaltspunkte, welche Eigenschaften es positiv bewerten kann.

Damit das Kind nicht vergisst, sich einige Male am Tag gut zu bewerten, könnte es beispielsweise einige Münzen in der Hosentasche haben: Jedes Mal, wenn es die Hand in die Tasche steckt und eine der Münzen fühlt, soll es sich innerlich loben oder an eine eigene Kompetenz/gute Eigenschaft denken.

Man kann auch kleine Merksätze (Mut-Mach-Sprüche) trainieren. Einmal eingeübt, können diese „Redensarten" zur wichtigen inneren Stütze werden.

Beispiele:

- „tapfer rein ins Vergnügen"
- „ein Herz gefasst und nichts verpasst"
- „frisch begonnen ist halb gewonnen"
- „beherzt begonnen ist halb gewonnen"
- „mutig voran der kleine Mann"
- „ein Herz fassen, ganz locker lassen"
- „ganz bestimmt, wer wagt gewinnt"
- „freundlich lachen, sich Freunde machen"

Manchmal kann man einen Rat in einer Geschichte verpacken. Darin sollte der „Held" mit solchen Mut-Mach-Sprüchen innerlich zu sich sprechen (vgl. S. 146 ff.).

5.4.3 Das richtige Gesprächsverhalten

Es wurde hier schon mehrfach erwähnt, dass man das selbstsichere Sein auch spielen kann. Beim Zuhören sollte man Augenkontakt halten, lächeln und bei passender Gelegenheit lachen. Üben Sie mit Ihrem Kind, laut zu reden – und wie man andere höflich unterbrechen kann.

Worüber soll das schüchterne Kind aber nun reden? In Gegenwart von fremden Kindern fällt ihm ja gar nichts ein. Am einfachsten ist es – wir haben das schon behandelt –, Fragen zu stellen: am besten solche, auf die der Gesprächspartner nicht nur sehr kurz oder mit Ja und Nein antworten kann. Solche Fragen (und Antworten) lassen nämlich kein wirkliches Gespräch aufkommen. Stattdessen gibt es „offene Fragen", die einem Gesprächspartner Gelegenheit geben, ausführlicher zu antworten. Die Frage nach dem Alter beispielsweise findet als Antwort möglicherweise nur ein einziges (Zahl-)Wort. Die „offene Frage" nach Hobbys oder Lebenswünschen (Beispiel: „Was würdest du mit einer Lotto-Million machen?") kann dagegen leicht ein anregendes Gespräch in Gang setzen.

Man kann ein Gespräch gut mit Komplimenten eröffnen, aber auch mit Aussagen über sich selbst und seine Befindlichkeiten: „Das ist ein leckeres Eis", „Am liebsten im Zirkus mag ich den Clown" etc. Ältere Kinder können üben, die Welt aus der Perspektive des anderen zu betrachten und eine Äußerung darüber abzugeben, wie dieser sich im Moment vermutlich fühlt. Und schließlich ist es für eine Gesprächsaufnahme immer vorteilhaft, anderen einen Gefallen zu tun oder auch um einen Gefallen bitten zu können.

5.4.4 Der Wechsel von Reden und Zuhören

Den schnellen Wechsel von Rede und Gegenrede können Sie mit Ihrem Kind üben, zum Beispiel mit einem Reimspiel. Einer beginnt mit einem Satz, und dann müssen im Wechsel schnell Sätze gefunden werden, die sich auf diesen Satz reimen.

Beispiel:
Der Erwachsene beginnt: „Wir gehen jetzt nach Hause."
Das Kind reimt: „Da machen wir 'ne Jause."
Dann sagt das Kind einen Satz: „Das dauert aber noch lang."
Und der Erwachsene findet den Reim: „Daraus machen wir keinen Zwang."
Der hat verloren, der länger als 30 (oder mehr) Sekunden nach einem Reim suchen musste.

5.4.5 Spiele, um die Integration eines schüchternen Kindes in die Gruppe zu erleichtern

Wie kann man schüchterne Kinder in eine Gruppe integrieren? Da bieten sich Spiele an, bei denen jeder Mitspieler einen Teil der Information hat, die für den Gesamterfolg wichtig ist. So kommt es auf jeden an, keiner kann ausgeschlossen werden.

Beispiel:
Sie schneiden ein Bild in so viele Puzzleteile wie Kinder mitspielen und verteilen sie. Dann müssen die Kinder ihre Puzzleteile gleichzeitig vor sich hinlegen. Alle können nun jeweils die Puzzleteile der anderen Kinder betrachten und miteinander beratschlagen, wie wohl das Puzzle zu legen ist. Erst wenn sich alle einig sind, wie die Teile gelegt werden müssen, dürfen die Kinder ihre Teile wieder in die Hand nehmen und das Puzzle legen.

5.4.6 In der Märchen-Fantasie Kompetenzen entwickeln

In der Fantasie kann manches geübt werden, z. B. wie man mit schwierigen sozialen Situationen fertig wird und welche Fähigkeiten man dafür braucht: Die Erwachsenen beginnen ein Märchen, und das schüchterne Kind erzählt es als der „Held" der Geschichte weiter.

Beispiel:
Sie fangen an: „Es waren einmal eine Königin und ein König, die hatten einen hübschen Sohn/eine hübsche Tochter, die/der später einmal König/Königin werden sollte. (Im Folgenden bleibt die Geschichte bei der weiblichen Form.) Sie war auch sehr gelehrig und lernte alles, was man braucht, um eines Tages Königin zu werden, aber sie wollte nichts von fremden Menschen wissen. Sie wollte, dass der König und die Königin selbst sie unterrichtete, sie wollte nicht mit den Kindern der Fürsten und Grafen spielen, die auch am Hof lebten. Am liebsten spielte sie allein mit ihren Pup-

pen. Der König und die Königin machten sich große Sorgen, denn die Prinzessin sollte ja auch einmal einen jungen Mann finden, der ihr gefällt, aber immer wenn sie das Gespräch darauf brachten, sagte die Prinzessin, dass es noch viel zu früh sei, daran zu denken."

Nun bitten Sie Ihr Kind: „Willst du nun als Prinzessin das Märchen weitererzählen? Wie setzt sich die Geschichte fort, und wie hat es die Prinzessin geschafft, aus ihrer schwierigen Lage herauszukommen?"

In einem mir bekannten Fall erzählte ein neunjähriges Mädchen die Geschichte folgendermaßen weiter: „Die Prinzessin war immer trauriger, weil sie die Wünsche ihrer Eltern nicht erfüllen konnte. Sie weinte und teilte den Kummer nur mit ihrem Teddybär. Als sie besonders traurig war, fragte sie einfach den Teddybär, was sie machen sollte, und zu ihrer großen Überraschung konnte der plötzlich sprechen. „Ich will dir helfen", sagte der Teddybär, der viele Harry-Potter-Filme gesehen und dabei ein wenig Zaubern gelernt hatte. Und er versprach der Prinzessin: „Immer, wenn Fremde kommen, werde ich riesig, so groß wie ein starker Erwachsener, und bin unsichtbar an deiner Hand. Wenn etwas Schlimmes passiert, helfe ich dir. Aber nutze es nicht umsonst, versuche erst, alleine zurechtzukommen, ich bin ja bei dir." Die Prinzessin traute sich zuerst, mit dem Sohn eines Grafen zu spielen, den sie immer schon nett fand. Das ging überraschend gut. So kam es, dass die Prinzessin ganz leicht mit den anderen spielen konnte, ohne dass sie die Hilfe des Teddybären wirklich brauchte. Sie heiratete später den Sohn des Grafen, der zu einem schönen starken Mann geworden war."

Manchmal soll einem Kind eine spezielle Hilfe, ein spezieller Rat gegeben werden. Nicht für jede Situation kann hier eine Geschichte abgedruckt sein. Es ist aber ganz leicht – und macht auch Freude –, eine kleine Ratschlag-Geschichte selbst zu konstruieren.

Zunächst muss dafür gesorgt sein, dass sich der kleine Hörer identifizieren kann: Eine Hauptperson der Geschichte muss also in einigen (aber nicht in allen) Merkmalen so ähnlich wie das Kind sein. Nehmen wir an, es handelt sich um ein kleines blondes Mädchen, das sich nicht traut, im Unterricht etwas zu sagen.

König und Königin hatten eine Tochter, die sie sehr lieb hatten. Sie freuten sich so an ihrem schönen blonden Haar und beobachteten glücklich, wie sie älter wurde und immer mehr Geschicklichkeiten erwarb. Sie waren richtig stolz auf die Prinzessin.

Die Identifikation wird umso leichter fallen, je mehr positive Eigenschaften die Hauptperson der Geschichte hat. Dann wird eine spezielle Schwierigkeit eingeführt, die der Schwierigkeit des Kindes entspricht. Für die Schwierigkeit wird eine plausible, veränderbare und nicht kränkende Ursache genannt.

Die Prinzessin wuchs wohlbehütet zu Hause auf. Dort waren nicht viele Kinder, und die Prinzessin hatte gar keine Übung im Umgang mit anderen Kindern. Die erwachsenen Höflinge erfüllten dem kleinen Mädchen immer alle Wünsche. Wie würde das aber bei den fremden Kindern der Grafen und Fürsten sein, die gar nicht wissen, welchen Respekt eine Prinzessin fordern darf, ja die vielleicht gar keine Lust haben, die Prinzessin wie etwas Besonderes zu behandeln.

Und tatsächlich: In einer Unterrichtsstunde, zu der auch andere Kinder eingeladen waren, benahmen diese sich so unberechenbar, dass der Prinzessin bang ums Herz wurde. Die Kinder redeten laut und schubsten sich, besonders die Jungen waren schrecklich. So kam es, dass die Prinzessin sich nicht so gleich traute, etwas zu sagen, und nachdem sie sich im ersten Moment nicht getraut hatte, traute sie sich dann den ganzen Tag gar nicht mehr. So blieb es dann. Und die anderen Kinder und die Lehrerin erwarteten schon gar nicht mehr, dass die Prinzessin etwas sagte.

Nun kommt der – hier sehr allgemein gehaltene – Ratschlag: Das Mädchen soll laut und deutlich sprechen, aufrecht stehen und die Lehrerin ansehen, wenn es eine Antwort auf eine Frage weiß. Die Vorstellung der Bindung an Vater und Mutter soll ihm Kraft geben. Vor die Aktion wird ein „Mut-Mach-Spruch“ gelegt.

So ging das nicht weiter. Sie war doch die Prinzessin und mindestens genau so gut wie die anderen Kinder! Also nahm sie sich vor, immer dann, wenn sie eine Antwort weiß (und wie oft war das der Fall!), einfach deutlich und laut – so laut, dass die Jungen sich erschrecken würden – etwas zu sagen und der Lehrerin gerade ins Gesicht zu schauen. Sie hatte von einem Zauberer des Hofes gelernt, wie sie sich selber Mut machen konnte. Vorher würde sie innerlich zu sich sagen: „Mit Mut begonnen, ist halb gewonnen.“ Das war der Zauberspruch. Dann würde sie aufstehen und ganz laut sprechen. Wenn Sie das einmal geschafft hätte, würde es beim nächsten Mal noch viel leichter fallen.

Nun kommt die eigentliche Aktion, die natürlich gelingen muss. Aber auch die Schwierigkeiten dabei müssen verständnisvoll thematisiert werden:

Bald war wieder Unterricht, und natürlich wusste die Prinzessin gleich bei der ersten Frage der Lehrerin die richtige Antwort. Da war sie aber innerlich noch nicht vorbereitet. Erst bei der dritten Frage meldete sie sich unübersehbar. Innerlich sagte sie den Zauberspruch „Mit Mut begonnen, ist halb gewonnen“ und merkte, wie der ihr Kraft gab – und dann kam sie auch schon dran. Sie hatte sich das vorher vorgestellt, wie sie aufstehen würde, wie alle sie anschauen und zugeben müssten, was sie für ein hübsches Kind ist. Sie sah im Geiste, wie Papa und Mama zu ihr halten und sie vor allen Gefahren beschützen würden. Und sie war nun selbst überrascht, als sie sich laut und deutlich die Antwort sagen hörte. „Ganz richtig“, sagte die Lehrerin, „da hat ja unsere Prinzessin auch mal was gesagt und gleich ganz richtig.“ Die wilden Jungen, die oft auch mal was Falsches gesagt hatten, waren ein wenig neidisch, trauten sich aber nicht zu tuscheln. Sie wussten jetzt, wenn die Prinzessin will, dann kann sie auch, und sie hat gar keine Furcht mehr vor der Lehrerin und vor der Klasse.

Schließlich geht die Geschichte mit der Suggestion zu Ende, dass ein Verhalten, das beim ersten Mal viel Mut erfordert, hinterher immer leichter wird. Ja, dass es unbedingt dazu gehört, es einmal zu versuchen, damit man die Angst verliert.

Da klopfte das Herz der Prinzessin, als sie sich wieder setzte. Sie hatte es geschafft. Da kam schon die nächste Frage der Lehrerin, und die wusste sie auch wieder zu beantworten! Also gut, sie meldete sich noch einmal. Nun aber kam ein anderes Kind dran. Die Prinzessin staunte, wie leicht es ihr beim zweiten Mal gefallen war, sich zu melden. Und wenige Wochen später konnte sie sich kaum noch daran erinnern, dass sie einmal sehr zögerlich gewesen war, vor der Klasse oder zu den anderen Kindern etwas zu sagen. Komisch, dachte sie bei sich, es war wie beim Springen vom Ein-Meter-Brett: Anfangs hatte ich riesige Angst und wollte es eigentlich gar nicht machen. Dann war es plötzlich pipileicht, und hinterher hat es sogar riesigen Spaß gemacht. Und die Prinzessin war jetzt so glücklich wie immer – oder sogar noch ein wenig glücklicher …

Es ist gut, sich Notizen zu machen, oder noch besser, die Geschichte aufzuschreiben, weil man sich sonst von seiner eigenen Geschichte mitreißen lässt und vielleicht das Ziel aus den Augen verliert oder weil unkontrollierte Elemente in die Geschichte geraten, die möglicherweise mehr mit den Problemen des Erzählers als mit denen des Kindes zu tun haben.

5.4.7 Verkleidung, Rollen, Schauspiel

Alles was zum Rollenspiel bei Erwachsenen (s. o.) gesagt wurde, gilt auch für Kinder. Auf Seite 23 wurde schon ein Beispiel gegeben von einem schüchternen Jungen, der mit einer Maske in die Schule geht. Kinder können auch außerhalb der traditionellen Verkleidungsfeste Masken oder Kostüme im Rollenspiel tragen. Nutzen Sie die Möglichkeiten! Wenn Ihrem Kind eine soziale Situation schwer fällt, fertigen Sie doch aus einem Stück Pappe und etwas Farbe einmal eine passende Maske.

Diese kann – erinnernd an Batman oder einen Löwen – Kraft vermitteln. Kann Ihr Kind übrigens darin brüllen wie ein Löwe?

Selbst Kinder können in der Öffentlichkeit nicht immer Masken tragen. Da hilft ein Trick: Die reale Maske kann versteckt als Talisman mitgeführt oder in der Fantasie wie eine unsichtbare Tarnkappe aufgesetzt werden. Die Kraft der vorgestellten Maske kann in einem kleinen Ritual eingeübt werden.

5.4.8 Vor allem: Dem Kind Zeit lassen

Schüchterne Kinder brauchen manchmal etwas mehr Zeit, um sich an einen neuen Ort oder an eine neue Gruppe zu gewöhnen. Lassen Sie Ihren Kind die Zeit, die es selbst benötigt.

Beispiel:
In einer Kindermalgruppe sitzt die sechsjährige Laura ganz still und schaut aufmerksam zu, wie andere mit einer neuen Malaufgabe beginnen. Sie kann erst später, nach einigen Minuten, die ohne Drängen vergehen (!), selbst mitmachen. Nun aber fühlt sie sich mit der Aufgabe und in der Kindergruppe wohl.

Literatur

Bernstein, D. A. & Borkovec, D. T. (1975). *Entspannungstraining. Handbuch der progressiven Muskelentspannung.* Pfeiffer: München.

Blaffer-Hrdy, S. (2000). *Mutter Natur.* Berlin: Berlin Verlag.

Blech, J. (2004). *Die Krankheitserfinder.* Frankfurt: Fischer.

Carducci, B. (2000). *Erfolgreich schüchtern.* Der Weg zu einem neuen Selbstwertgefühl. Frankfurt a. M.: Krüger.

Cheek, J. (1989). *Warum so schüchtern.* München: Kösel.

Crozier, W. R. (1988). *Understanding shyness.* NY: Palgrave.

Davidson, J. R. T. & Ford, S. M. & Smith, R. D. & Potts, N. L. S. (1991). Long term treatment of Phobia with Clonazepan. *Journal of Clinical Psychiatry, 52, 11 (1991 suppl.),* 16–20.

Emde, M. A. & Plomin, R. & Robinson, J. & Corley, R. & DeFries, J. & Fulker, D. W. & Reznik, J. S. & Camposi, J. & Kagan, J. & Zahn-Waxler, C. (1992). Temperament emotion and cognition at fourteen month: The Mc Arthur longitudinal twin study. *Child Development, 63,* 1437–55.

Fehm, L. & Wittchen, H-U. (2003). *Wenn Schüchternheit krank macht.* Göttingen: Hogrefe.

Kemple, K. M. (1995). Shyness and self-esteem in early childhood. *Journal of Humanistic Education and Development, 33,* 173–82.

Kramer, P. D. (1993). *Listening to Prozac.* New York: Viking.

Lamm, H. (2004). *Praxishandbuch Sozialpsychologie in biografischen Erlebnisschilderungen.* Baltmannsweiler: Schneider, Hohengehren.

Lucock, M. P. & Salkovskis, P. M. (1988). Cognitive factors in social anxiety and its treatment. *Behavior Research and Therapy, 26,* 297–302.

Marshall, J. R. (1994). *Social phobia. From shyness to stage fright.* New York: Basic Books.

Sander, K. (1999). *Personzentrierte Beratung.* Weinheim: Beltz.

Schulte, D. (1999). Angststörungen. In: Lazarus-Mainka, G. & Siebeneick, S. (1999), *Angst und Ängstlichkeit.* Göttingen: Hogrefe.

Schmidt-Traub, S. (2001). *Angst bewältigen.* Selbsthilfe bei Panik und Agoraphobie. Heidelberg, Berlin: Springer.

Schneider, W. (1992). *Die Sieger.* Hamburg: Sternbuch.

Senger, H. v. (2001). *Die Kunst der List.* München: Beck.

Seligman, M. E. P. (1979). *Erlernte Hilflosigkeit.* München: Urban und Schwarzenberg.

Windhaber, J. (1998). Pharmakotherapie der Sozialphobie. In Katschnik, H. & Demal, U. & Windhaber, J. (Hrsg.) *Wenn Schüchternheit zur Krankheit wird.* Fakultas.

Ziller, R. (1973). *The social self.* New York: Pergamon.

Zimbardo, Ph. G. (1989). *Syhyness, What it is, What do do abut it.* New York: Addison Wesley.

Zimbardo, Ph. G. (1982) *The shy child.* New York: Doubleday & Company.

Anhang

Anhang 1: Die Auswertung des Dialogzeichnens

Die Striche und Zeichenfolgen sind eine Bildmetapher für ihre sozialen Interaktionstendenzen. Prüfen Sie folgende Merkmale ihrer Beiträge:

- Kooperieren Sie mit den Vorschlägen des (fiktiven) Partners?
- Weichen Sie den Beiträgen aus, stellen Sie Distanz her?
- Greifen Sie schnell in das Hälfte des Partners über?
- Ordnen Sie sich mit Ihren Beiträgen den Initiativen des fiktiven Sozialpartners unter?
- Machen Sie immer das Gleiche, nehmen Sie z. B. die gleichen Farben?
- Sind ihre Beiträge kleiner (weniger selbstbewusst) oder größer (selbstbewusster) als die des Partners?
- Können Sie sich eine Antwortstrategie vornehmen?

Beispiel

Ihr Partner hat vielleicht mit einem einfachen Kreis begonnen (1). Sie setzen z. B. einen kleinen Doppelkreis (2) daneben. Nun zeichnet ihr Partner einen Doppelkreis darüber (3). Das wäre in gewisser Weise eine Missachtung ihrer Arbeit. Wie gehen Sie damit um? (Abbildung A)

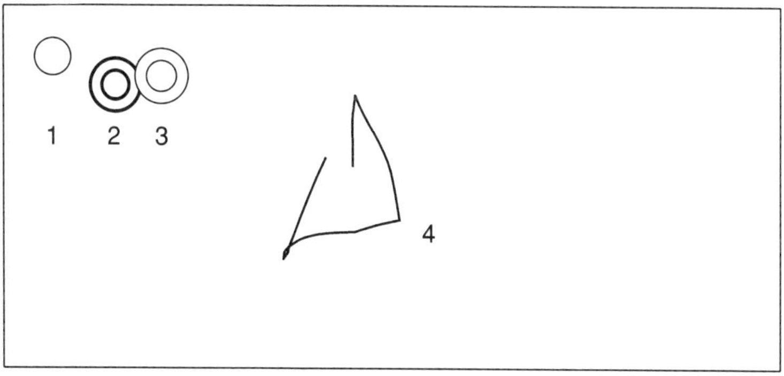

Abbildung A

Sie könnten nun mit einem ärgerlichen Kritzel das ganze Blatt besetzen (4) oder mit einer kleinen Linie (schüchtern/ängstlich) ausweichen. (Abbildung B)

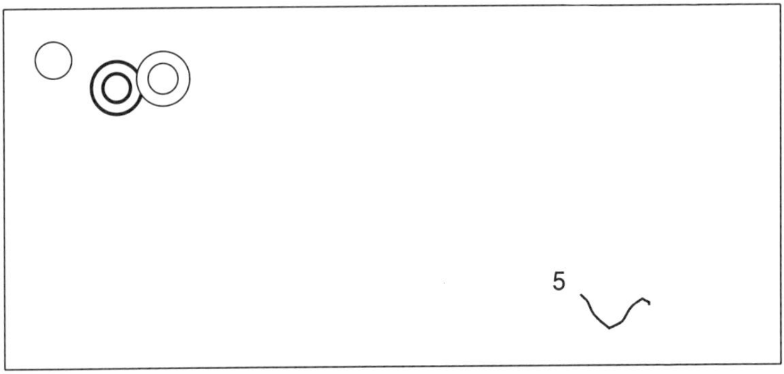

Abbildung B

Die ideale Interaktion

Zeichen Sie die Folge nun noch einmal, so dass Sie zum Bild einer sozialen Kommunikation wird, wie Sie sich eine soziale Interaktion wünschen.

Machen Sie die Übung mit einigen wirklichen Sozialpartnern und versuchen Sie die Symbolfolgen als Bild für die Interaktion mit dieser Person zu interpretieren. Sprechen Sie mit diesem Partner über die Interaktion.

- Welchen Eindruck hatte der Partner von der zeichnerischen Interaktion in der Übung?
- Wie haben sich beide Partner gefühlt?
- Gibt es Ideen wie die „symbolische“ Kommunikation hätte besser ablaufen können?
- Kann man die Ideen ins wirkliche Leben übertragen?

Anhang 2: Mögliche „nicht-direktive“ Antworten

2.1: „Wenn du schwedisch sprichst bist du gar nicht schüchtern und du wunderst dich darüber“
2.2: „Du fragst dich, ob Klaus dir wirklich zuhört“
2.3: „Ohne dass du es im Moment gemerkt hast war die Schüchternheit auf einmal verschwunden“

Ihre Lösung muss nun nicht wortgleich mit diesen Lösungen sein, sondern einfach so ähnlich.

Anhang 3: Entspannung CDs

Bei der Technikerkrankenkasse für Mitglieder kostenlos zu bestellen. Weitere Informationen unter www.tk.online.de

Bei der DAK für Mitglieder. Weitere Informationen unter www.dak.de

Bei der Barmer Kasse gibt es ein verbilligtes Fitnesspaket in Zusammenarbeit mit Bertelsmann. Weitere Informationen unter www.barmer.de

Stichwortverzeichnis